沖縄図書館長時代の伊波普猷（那覇市歴史博物館提供）

上：「万国津梁之鐘《ばんこくしんりょうのかね》」　この鐘の銘文には琉球王国の存在意義が記されている。1458年の年紀があり，かつて首里城の正殿に掲げられていた。(沖縄県立博物館・美術館蔵)

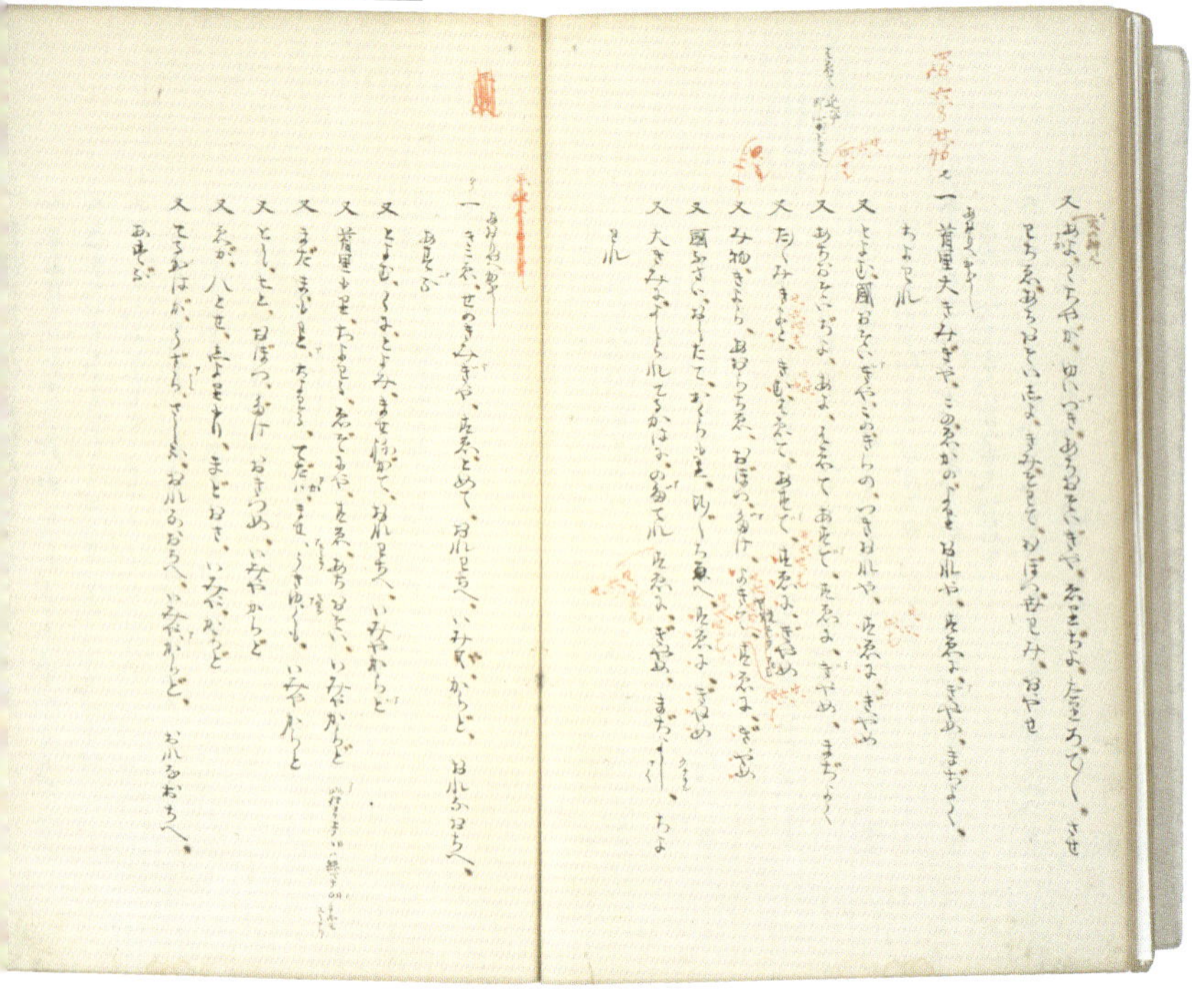

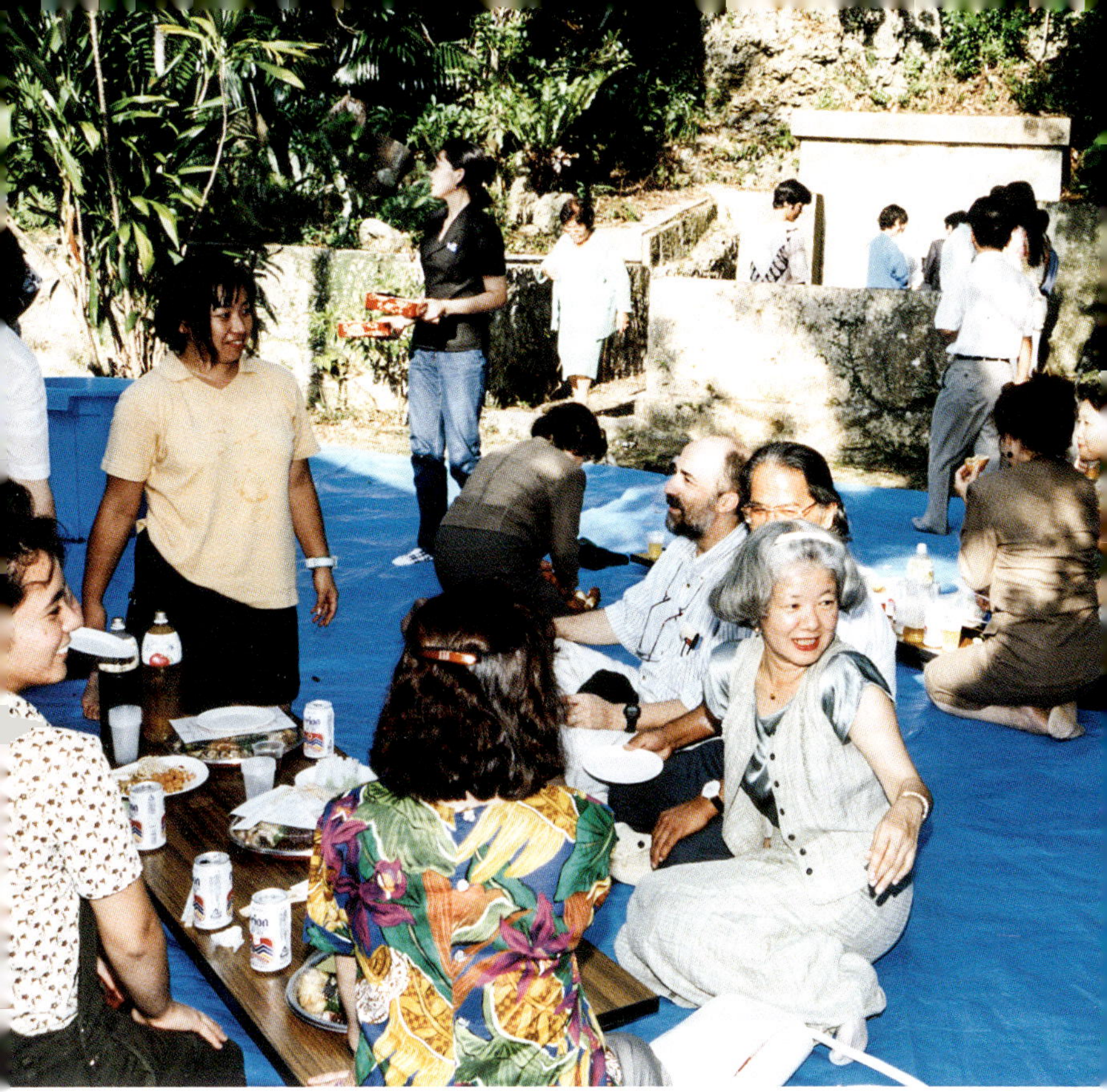

上：イベント「伊波普猷と浦添」に集う人々　1990年10月，伊波霊園。（著者提供）

右：『田島本おもろさうし』（琉球大学附属図書館蔵）

『古琉球』初版本の表紙（那覇市歴史博物館蔵）

新・人と歴史　拡大版　14

「沖縄学」の父　伊波普猷
[新訂版]

金城正篤
高良倉吉　著

SHIMIZUSHOIN

本書は「人と歴史」シリーズ（編集委員　小葉田淳、沼田次郎、井上智勇、堀米庸三、田村実造、護雅夫）の『伊波普猷』として一九七二年に、「清水新書」の『「沖縄学」の父・伊波普猷』として一九八四年に刊行したものに加筆・修正を施して新訂版として復刊したものです。

目次

III 伊波普猷の歴史思想

南西諸島略図
宇佐浜貝塚
鹿児島
種子島
屋久島
吐噶喇
列島
奄美大島
徳之島
沖永良部島
伊平屋島
与論島
伊是名島
久米島
沖縄島
慶良間列島
北大東島
南大東島
尖閣列島
宮古島
多良間島
西表島
石垣島
波照間島

沖縄本島略図

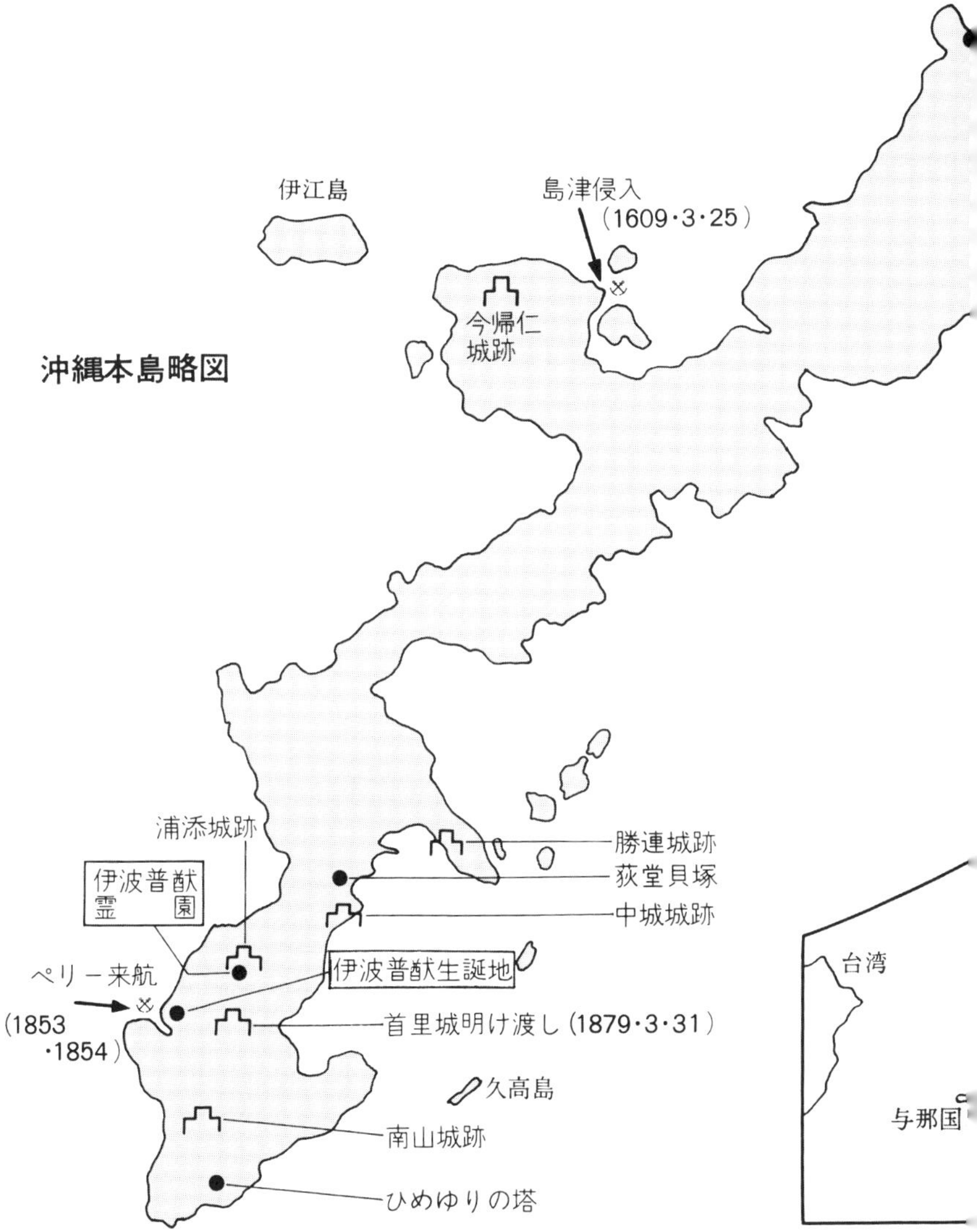

伊江島
島津侵入
（1609・3・25）
今帰仁
城跡
浦添城跡
伊波普猷
霊　園
勝連城跡
荻堂貝塚
中城城跡
伊波普猷生誕地
ペリー来航
（1853
・1854）
首里城明け渡し（1879・3・31）
久高島
南山城跡
ひめゆりの塔
台湾
与那国

序文

――沖縄学の父――

伊波普猷《いはふゆう》という名前に初めて接する読者の方が多いのかもしれない。西郷隆盛や福沢諭吉といった人びとが、それぞれの郷土をつきぬけて、明治日本の政治家・思想家として知られているのにくらべ、案外郷土の人たち以外には知られないその土地の傑出した人物も、歴史上にはたくさんいるのである。ひょっとしたら、われわれの伊波普猷も、沖縄の人たち以外にはあまりその名前さえ知られていない人物のひとりなのかもしれない。

だが、沖縄ないし沖縄史を語る人は、伊波普猷を抜きにするわけにはゆかない。また、多くの人びとに、沖縄と沖縄の歴史を知らせてきたのも、伊波普猷その人であった。

伊波普猷は、近代沖縄が生んだひとりの学者であり、啓蒙家である。かれの生涯は痛苦にみちていたが、それはまた、一面では近代沖縄がかかえこむ矛盾と痛苦にほかならなかった。

伊波普猷は、一八七六年（明治九）三月一五日に沖縄の那覇《なは》市に生まれ、一九四七年（昭和二二）八月一三日に東京で死去したが、その七〇余年におよぶ生涯中、三〇〇編余の論文と二〇冊余の著書を沖縄研究史のリストにつけ加えている。それらの学問的業績のすべてが、かれの終生愛してやまなかった沖縄を対象として書かれたものであることはいうまでもない。かれのその膨大《ぼうだい》な業績を主軸にした沖縄研究の学問体系は、通常「沖縄学」と呼ばれ、その中でかれは「沖縄学の父」という地位を与えられている。

ところで、太平洋戦争の一環として戦われた沖縄戦は、沖縄を悲惨な地獄の舞台としてくりひろげられた。理不尽な帝国主義の戦争は、沖縄で二六万余の生命を奪ったのであるが、その半数以上の犠牲者は非戦闘員である沖縄一般県民であった（沖縄県民一四万人・日本兵一一万人・アメリカ兵一万三〇〇〇人といわれる）。この戦いで、沖縄県民は四人に一人の割合で、殺されたのである。亜熱帯の緑の山野は焼けただれ、多くの貴重な文化遺産は砲弾で破壊され、あるいは灰燼《かいじん》に帰した。やがて戦いが終わると、沖縄は祖国から切りはなされ、アメリカ軍の占領支配下におかれた。

そのかなしい不幸なニュースを東京で伝え聞いた晩年の伊波普猷は、「日本の縮図」という副題のついたかれの最後の著書『沖縄歴史物語』（一九四七年）の中に次のような有名な文句を記している。「地球上で帝国主義が終わりを告げる時、沖縄人は『にが世』（不幸な時代）から解放されて、『あま世』(幸福な時代)を楽しみ十分にその個性を生かして、世界の文化に貢献することが出来る」と。この文句は戦後、沖縄を語る時にしばしば引用された味わい深い言葉である。それから間もなく、伊波は脳溢血《のういっけつ》のために敗戦で混乱していた東京で急死するのである。

われわれは、伊波の知らない戦後の沖縄を知っている。異民族の支配下におかれた基地沖縄の歩みと、祖国復帰運動というううねりのような闘いの沖縄を。まるで政治的貧困の終着駅のような戦後沖縄は、おびただしい矛盾の歴史的現実を体験したのである。アメリカ軍によって農民の土地が奪われた結果、多くの農民は放浪させられ、食えなくなった純朴な人びとは、基地労働者になったり、あるいは兵士相手のネオン街の住人にならざるをえなかった。田園に横文字の町並みが出現し、基地経済がはりめぐらされ、異国の兵士の犯罪が、さも当然であるかのような顔をしてまかり通った。でも、そんな時代にあっても、人びとはたくましく生き、考えぬいて苦難の状況を歩んできたのである。そのような戦後沖縄は、伊波普猷には想像もしえない道程をたどったといえるのであろう。

こうした苛酷《かこく》な戦争体験と戦後史の体験は、沖縄人が自己を認識することを当然のように要求せずにはおかない性質のものであった。自分たちのおかれている政治的状態を考え、その由来を見きわめること、そしてそうした不幸な状態を正当な要求として改善するという現実的な結論が、祖国復帰の思想であり、また平和な沖縄建設の思想であった。それにはまた、自分たちの沖縄がたどった歴史の意味を、現実に自分たちがたどりつつある現代史に重ね合わせて理解するという、生きた歴史への理解と希望がともなっていた。ここに、「沖縄学」という学問、とりわけ伊波普猷の学問が、戦後において再発見もしくは再認識される基盤があったといわなければならない。つきつめて考えるならば、伊波普猷の「沖縄学」は、戦後沖縄における沖縄人の新しい自己認識の対象としてとりあげられる側面をもっていたといえるのである。

　沖縄のたどった近代の苦しい歩みとともに形成された伊波の「沖縄学」が、現代（戦後）沖縄を生きる世代から再発見されるということには、いますこし深い意味のあることに注意しなければならない。というのは、現代沖縄の自己認識は近代沖縄の自己認識を前提にして初めて可能だったということである。なぜならば、伊波の「沖縄学」とは近代沖縄の自己認識を集約した典型的なもののひとつだからである。あるいは、現代沖縄史の体験が初めて近代沖縄を全体として理解することを可能にさせたということ、またそのことこそが、近代の産物である伊波の「沖縄学」と、それを支える思想を再認識させたというべきなのだろう。

　たとえば「沖縄学」という言葉がある。この言葉が沖縄の人びとの間に定着したのは戦後だと考えてさしつかえない（戦前、伊波普猷自身この言葉を何度か使っている）。伊波を中心とした沖縄研究者の学問的成果とその体系を、意識的に「沖縄学」と規定して、その中に戦後沖縄の自己認識の手がかりを求めるということには正当な理由があったというべきである。こうした人びとの欲求の前に、伊波の「沖縄学」が全能であることはできないのであって、その学問や思想の欠点が問題にされ、批判のメスが加えられることも当然だといわなければならない。その証拠に、伊波の学問や思想を批判的な眼でとりあげ、研究するようになったのは戦後のことであり（本格的には、おそらく一九六〇年代なかば以後）、その担当者は戦後の世代に属する人びとである。

こんにち、われわれは、浦添《うらそえ》城跡（浦添市）にある伊波の墓を訪ねることができる。深い木立に囲まれた「伊波普猷霊園」には、「彼ほど沖縄を識った人はいない、彼ほど沖縄を愛した人はいない、彼ほど沖縄を憂えた人はいない、彼は識った為に愛し愛した為に憂えた、彼は学者であり愛郷者であり予言者でもあった」というかれの友人東恩納《ひがしおんな》寛惇《かんじゅん》の文章の刻まれた顕彰《けんしょう》碑《ひ》が静かに立っている。

浦添の丘にねむるこの一人の沖縄の学者の肖像は、いまだにわれわれとの対話を求めてやまない、新鮮な情熱にあふれているはずである。沖縄の古い文献や民俗伝承を探究し、世界や日本のすぐれた多くの研究者の成果に触れ、沖縄を愛することを内面の思想として定着させ、詩人のような想像力と直感力を駆使《くし》し、雄弁で、「あま世」の沖縄を渇望し、情熱にあふれたみずみずしい文章を書き残した伊波普猷。いま、われわれは、その痛苦にみちた生涯と思想の道程をふりかえってみようとしているのである。

伊波普猷のよき理解者であり、沖縄史研究の大家である比嘉春潮《ひがしゅんちょう》は、伊波普猷と「沖縄学」にふれて次のようにのべている。

「もし、沖縄および沖縄人を研究することを沖縄学といい得るならば伊波普猷氏はまさに沖縄学の創始者ということができよう。伊波普猷氏によって現代沖縄人はみずからの過去と現在を知るようになり、沖縄以外の人びともまた氏によって真に沖縄および沖縄人を知る機縁を与えられたといえるからである」と。

戦後の沖縄研究も、伊波がその生涯をかけて築いた業績の上に立ってはじめられたのであり、また、伊波が残した学問的業績を点検することなしには、研究を発展させることもできなかった。その意味で、伊波普猷の生涯とその学問をあとづけてみることは、沖縄研究者にとっては自己の研究の出発点を確認することであるばかりでなく、日本人のなかに、正しい「沖縄」像を築こうと願った伊波普猷の学問的事業を受けつぐことにもつながるのである。

本書は、右にのべたような意味で、近代沖縄の歴史とともに歩んだひとりの学者・啓蒙家の人間像と、その学問と思想を明らかにしてみようと試みたものである。

「私と私の仲間とは、議論や小唄で、説明し合うのではない。私たちは、私たち自身の存在で説明し合うのだ」というウォールト＝ホイットマンの言葉を伊波普猷は愛誦した。われわれも、われわれの時代にふさわしい、新たな対話の場を、伊波の生涯と学問をあとづけることを通して、発見したいと願っている。

一九七二年八月

金城正篤
高良倉吉

I

伊波普猷の人間像

伊波普猷の生い立ち

❖幼年時代

一八七六年（明治九）、沖縄は「琉球藩」と呼ばれていた。一六〇九年（慶長一四）の薩摩藩の武力侵入以来、約二世紀半余のあいだ植民地的隷属状態にありながらも、琉球王国は名目的には存在していたのであるが、一八七二年（明治五）、成立間もない明治政府は「琉球処分」の序曲として琉球王国を廃し、琉球藩をおいたのであった（建藩処分）。この琉球藩時代は一八七九年（明治一二）の「琉球処分」による「沖縄県」の設置までつづくことになる。

明治九年三月一五日、伊波普猷は那覇《なは》のある素封家《そほうか》に生まれた。父の名前は普済《ふさい》、母はまつ、るといい、この夫婦の長男として誕生したのが伊波普猷だったわけである。開化党（いわば親日派）の有力者の一人であった普猷の父は、最初のわが子の出産をいたくよろこび、生まれて間もないかれの赤子を床《とこ》の間に抱きあげて祝福したといわれている。普猷には祖父がいたが、この老人もまたかれの孫をとてもかわいがった。たとえばこんなエピソードが伝わっている。生母の乳の出が悪いため乳母をやとわねばならなくなった時、祖父は一〇余名の候補者の中から、身元・体質・乳質などを検討して採用したのだという。旧い伊波家の中で、幼い「沖縄学の父」がいかに大事に育てられたかを示すエピソードのひとつだといえるだろう。

大正五年（一九一六）に伊波は「追遠記」という文章を書き、その中でかれの先祖のことに触れているが、それによるとかれの遠い先祖は「魚《ぎょ》」という姓の中国人であったという。中国の明帝の侍医《じい》であった魚は、不老長寿の薬を求めて日本の日向《ひゅうが》（宮崎県）にやってきて心ならずもそこに住みついたが、その三代目の子孫が琉球王国にきて読谷山《ゆんたんざ》の長浜に住みつくことになった。その長浜の魚氏一族から分かれて那覇に移住した分派がいて、さらにそれから分かれたのが伊波家の直接の先祖であったという。それから数代後の普猷の祖父は、たいへんな働き者であったらしく、中国貿易に従事して財をなし、伊波村というところの「地頭《じとう》」という職を得たが、それが伊波という姓の由来といわれる。祖父はまた、当時の那覇に住む上流階級の人びとの最高の栄誉とされた「御物城職《おものぐすくしょく》」の有力な候補者にもなっていて、近い将来その地位を手に入れるはずであったが、琉球王国の崩壊（琉球処分）によって御破算《ごはさん》になり、ひどく失望・落胆したのだという。

普猷はこの祖父によって「魚培元《ぎょばいげん》」という中国名を与えられている。それにしても、伊波家

明治初期の風俗

の人びとには、いわば中国人・（本土）日本人・沖縄人という三者の血が流れているわけで、このことが伊波をして「私は家譜を調べて、実に不思議なのは人間の血液の歴史であることを知った」といわせたのである。

めぐまれた家庭ですくすくと成長した普猷が三歳の時、時代は激しく変貌し、「琉球処分」と呼ばれる明治政府の国権的政策によって沖縄県がつくり出された。沖縄の支配階級や上層身分の人たちは「琉球処分」を歓迎せず、反日的な空気をみなぎらせていた。その翌年の三月には、愛する祖父が他界した。幼い孫の将来に期待をこめながら、この老人は旧琉球が音をたてて崩れ去る時代をさみしくみつめながら死んだのである。六歳の時には祖母も他界したが、その頃から普猷の父は酒色におぼれ、放縦《ほうじゅう》な生活にひたりきったために家庭の不和がつづいた。幼い普猷の心は、みじめな気分をたびたび味わわなければならなかったのである。

それでもかれは当時の上流家庭の子息がたいていそうするように、漢学塾に通い「大舜」や「四書」などの素読を勉強させられた。二、三年の間ここで勉強した後で、明治一九年（一八八六）一〇歳の時に、かれは師範学校の附属小学校に入学している。父は息子を学校に入れるのにあまり賛成ではなかったらしいのだが、母の方で積極的に事を運んだという。首里の附属小学校主事の家に寄宿して、そこから同じ首里にある小学校に通学した。土曜日は那覇の自宅に帰り、月曜日にまた首里の学校に登校するという生活がつづいたが、首里と自宅の往復には常に駕籠《かご》を使ったというから、伊波家の素封家ぶりが想像できるというものである。同じく一〇歳の時に、かれは当時の風習に従い「片髷《かたかしら》」（チョンマゲ）を結《ゆ》ったのだという（一種の元服である）。

ところが一五歳で沖縄中学に入学（明治二四年四月）して間もなく、かれはこの片髷を断髪しなければならなくなった。ある日のこと、教頭の下国という先生が教壇に立って次のように訓示した。「アメリカ-インディアンでさえも、（この頃は）断髪して洋服を着ているというのに、日本帝国の中学生である君たちが、チョンマゲ姿でいることはなげかわしいことだ。今日は思い切って断髪するように」というが早いか、中学校の教師や上級生たちが手に手にハサミをもって、手当たりしだいに新入生をつかまえてチョンマゲを切り落とした。教室に悲鳴が聞こえ、逃亡したり、抵抗したり、すすり泣く生徒もいたのだが、「一、二時間たつと、沖縄の中学には、もう一人の片髷も見えなくなった」（「中学時代の思出」）という。沖縄の、日本本土に遅れた「文明開化」の時勢をうかがわせるエピソードのひとつである。

修身・国語・漢文・理科・歴史・体操・図工・剣道・柔道という当時のカリキュラムに若干うかがえるように、国家主義教育は強力に推し進められていた。学校の教師はすべて「大和人《やまとうんちゅ》」（本土日本人）であった。教科書は学校で貸してくれたというし、また生徒たちはキセルでタバコを吹かしたり、酒を好み、なかには妻帯者までいたというから、今から考えると、隔世の感がする。中学校は新しい知識と思想に触れる場であったし、何よりもそこには同世代の意気盛んな同志たちがいた。みんなで集まって議論をしたり、遊びまわったりして、きっと楽しい生活であっただろう。

その頃、東京帝国大学で農学を修め沖縄県技師になっていた謝花昇《じゃはなのぼる》がいた。かれは明治二四年に沖縄最初の学士として盛大な歓迎をうけて帰郷した人であるが、その名声は沖縄中に鳴り響いていた。ある日、伊波の宅に「中学生が四、五名集まって、騒いでいると、年の頃二十六、七歳の紳士が二人連れで這入《はい》って来た。能《よ》く見ると、その中の一人は、……謝花農学士であった。学士は私たちに東京の学校の話などをして聞かせた後で、おおいに一同を鼓舞」したという。また別のある日、「（謝花）農学士は中学の何かの時、来賓《らいひん》として来られたが生徒の器械体操を見て、自分も一つやってみようというが早いか、すぐさま金棒に飛び付いたが、中々見事にやって、皆を驚かせた」（「中学時代の思い出」）という。沖縄人がほとんど高等官になれなかった沖縄県庁にあって技師という名誉ある地位で活躍している謝花昇は、伊波らの中学生にとっては憧れの的であったわけだ。

伊波は学校の授業のほかに、友人数人と教師の私宅で『四書』・『史記』といった漢学、あるいは『枕草子』・『土佐日記』などの日本古典文学の読解を指導してもらっていたが、とくに日本古典文芸を教授してもらった田島利三郎《たじまりさぶろう》（新潟県出身）の大きな影響をうけている。田島は皇典講究所（国学院大学の前身）を卒業した人物であるが、ある友人から沖縄には「琉球語もて記されたる文書」があると聞き、それに大いに興味をおぼえて明治二六年にとうとう沖縄中学の教師としてやってきた。その「文書」というのは『おもろさうし』のことであったらしいが、それからかれは明治三〇年に沖縄を去るまでの間、沖縄研究資料の収集に努力し、研究史上貴重な足跡を残した人物である。六尺をこえる大男で、尺八の名手であり、また歌舞伎にも造詣《ぞうけい》の深い博識・多芸の人であった。かれは沖縄の芝居小屋に出入りして、役者（シバイシー）たちに持ちまえの演劇論をならべ立ててかれらを「教育」したり、沖縄の言語や文化の研究に没頭するという、当時の教師の中にあっては破天荒《はてんこう》なことをやりだした。やがてかれの話す沖縄方言は沖縄人に負けないほど達者になり、ついには「琉歌」という沖縄独特の定型詩まで自分でつくるようになった。つまりかれは、「沖縄人と同じように話し、また感ずることができた」人物であったわけである。伊波らが心酔しないほうがおかしい。

こうして伊波は、田島の人柄と学問の影響をうけながら、一方では東京あたりの雑誌をとりよせて熱心に読んでいた。またその頃創刊された沖縄最初の新聞『琉球新報』(明治二六年創刊)の熱心な愛読者にもなった。そして若いかれの知識は、将来外交官になりたいという夢を育てていた。中学校の四年生の時(明治二七年)の五月、京阪地方へ修学旅行に行った時、第三高等学校の生徒が一行を歓迎してひらいてくれた会席の雰囲気は、かれに高等教育機関への進学を決意させたのであった。

❖沖縄中学ストライキ事件

修学旅行から帰って間もなく、七月には日清戦争(一八九四〜九五年)がはじまった。朝鮮支配の進退をかけて、日本と中国が列強各国の利害関心と結びつきながら戦端をひらいたのである。この戦争は沖縄にも深刻な影響をおよぼした。「琉球処分」によって沖縄県が設置されてから、沖縄の旧支配層は二つの政治的勢力に分かれて対立・妥協をくりかえしていた。ひとつは「琉球処分」とそれ以後の明治政府の沖縄支配をうけ入れて新しい体制に順応しようという一派で、これを「開化党《かいかとう》」と呼んだ。伊波の父普済はこの派の有力者の一人であった。これに対して、あくまでも旧体制を復活したいという願望をもつ一派は「頑固党《がんことう》」と呼ばれ、中国の清朝を頼りにしていた。この頑固党の中でも、中国だけとの関係をつづけるべきだという考え方のグループを「黒党《くろとう》」といい、「日支両属」を主張するグループは「白党《しろとう》」と呼ばれた。

頑固党（旧暦＝大陰暦を信奉したので二十九日党ともいう）を中心とした保守的旧支配層は、「黄色軍艦」の神話をちまたに流した。それは、長い間中国の冊封《さくほう》をうけ、いわば中国の臣下ともいうべき「琉球」を、明治政府が不当にも占領・支配しているということに対して、中国が黄色軍艦を派遣して征伐《せいばつ》にくるというものであった。「開化断髪や、今《なま》や威張《いば》らちょけ（威張らしておけ）、黄色軍艦の入らはだいもの（今にやってくるんだから）」という琉歌は当時はやったものである。それには頑固党の心意気がこめられている。さらに頑固党は中国（清朝）の戦勝を祈願して大げさな祭儀までもよおすというぐあいで、沖縄の社会は一種の不安な空気に包まれた。いつ黄色軍艦がやってきて、沖縄が日清の血の舞台にならぬともかぎらない。しかも人びとは、大国中国の実力を盲信に近いほどに信仰していたのである。那覇の市民の中には、家財道具をたたんで避難する者まで出る騒ぎである。中でも、一番深刻な不安をいだいて動揺したのは寄留《きりゅう》商人と呼ばれる鹿児島県出身者を中心とする「大和人」の特権的商人たちであった。かれらは、沖縄駐留の日本軍や県庁の役人などとともに緊急体制をとり、自分たちの妻子を郷里に帰すという気のくばりようである。

このような不安な空気が、軍国主義的教育政策のベースの上に位置づけられている教育機関に反映しないはずはない。中学校や師範学校の生徒たちは義勇団を組織させられ、勉強もそっちのけで「剣を研《と》ぎ弾丸を造《つく》って……炎天の下で、毎日射撃をしたり、練兵」をさせられたのだという。このように、当時の沖縄社会の（旧支配層たちが）かかえる思想的および利権的対立や矛盾を顕在化させた日清戦争は、日本軍の勝利に帰したが、それにしても、この戦争が沖縄旧支配層に与えた影響は大きい。これまで頑迷《がんめい》な中国崇拝者としての立場から、自己の権益を回復しようともくろんでいた旧支配層の意図が、日本の勝利によって挫折させられたからである。それだけではない。かれらはこの挫折を契機にして、沖縄県庁を出先機関とする天皇制政府の同調者へとしだいに変身していくのである。そして学校教育にはいっそう軍国主義の風が吹きこむようになった。

ところで、日清戦争がはじまる直前に、ひとつの問題が発生していた。沖縄県庁の学務課長で中学校と師範学校の校長をも兼任していた児玉喜八《こだまきはち》という「大和人」が、ある日「気味の悪い笑い方をして、学校にやって来られた。暫《しばら》くすると、校長の訓話があるからといって講堂に這入《はい》られたが、校長はおもむろに口を開いて、かういう話をされた。私は皆さんに同情をよせる。皆さんは普通語さえ完全に使へないクセに英語まで学ばなければならないという気の毒な境遇にゐる。つまり一度に二つの外国語を修めると同じ訳だから、これは皆さんにとっては非常な重荷だ。私は今その重荷の一つをおろしてやらうと思ってゐる。これから英語科を廃さうと思うから、その力を片一方に集中するようにしろ」……。この差別意識まるだしの「同情」に生徒たちは激昂し、今にもストライキがはじまりそうなムードになった。『琉球新報』も児玉校長批判をやりだして、問題が大きくなろうという時に、日清間の緊張という状況もあり、また下国教頭の生徒に対する説得もあってひとつの妥協案が成立した。それは英語科を廃止するのではなく、「随意科」（選択科目）にするというものであった。

だが、差別意識にたつ政策とそれを遂行する官僚がいるかぎり、問題がかたづくはずはない。日清戦争の終わった年の一〇月、児玉校長はまたしても理不尽なことをやらかしたのである。生徒にしたわれ、とかく信望の厚かった下国教頭（秋田県出身）と例の田島教諭の二人を諭旨退職として処分したのである。ここまできて生徒の怒りはとうとう爆発した。「自分たちは（沖縄）県のために犠牲になって児玉校長を排《はい》斥《せき》しようと思うが、君も仲間に這入って呉れないか」と、ある二人の友人が伊波の家にやってきてかれらの決心を告げた。伊波は「心の中で、高等学校に入学する特権を失うことを歎きつつ涙を呑《の》んで二人の仲間の申出に同意した」（当時、沖縄中学校の卒業生は造士館と五高に無試験ではいることができた）。そこで四、五年の上級

伊波普猷（左）と田島利三郎
（沖縄タイムス『伊波普猷選集』より）

生の有志数人が伊波の家に集まって協議した結果、自分たちが退学処分をうける覚悟で校長排斥運動を展開することを確認して、いよいよ実践にとりかかった。その作戦は、さみだれ方式で「退校願」を出して学校当局と県庁にゆさぶりをかけると同時に、下級生を含む全生徒を仲間に引き入れるという二面作戦であった。有志の演説をきいた大半の生徒が同調して退校願を出したため、沖縄中学校は一一月一二日から実質的なストライキに突入した形になった。この力をバックにして、生徒代表は児玉校長に辞職勧告を堂々と通知した。

それに対して児玉は、伊波を含む五人の生徒を騒動の首謀者・煽動《せんどう》者という理由で文部省令をたてに退学処分に付した。ところがこの処分は火に油を注ぐようなものであった。生徒たちは「同志倶楽部」という組織をつくって団結し、専用の事務所まで設け看板を堂々とかかげて持久戦にもちこんだ。新聞にかれらの主張を発表し、文部大臣に建白書を提出するという勇ましさであった。父兄の支持も得られカンパがどしどし集まった。伊波の父も「軍資金」をたくさん出してくれた。それらの資金を使ってオルグ団を編成し、沖縄本島の各地を「遊説」してまわった。師範学校も呼応してストライキがはじまりそうな気配になり、事態は同志倶楽部に有利に展開した。

また、この闘いの間、生徒たちは勉強のことを忘れはしなかった。事務所で上級生が下級生を教授し、伊波は英語を担当した。かれはまた、東京にいる安元《やすもと》実得という先輩に事件の進展ぐあいを一部始終報告し、安元に東京で児玉排斥のために運動をしてもらった。こうして年が明けて明治二九年になった。三月にはいって、生徒一同が告発した児玉喜八はとうとう新しい植民地台湾に転任となった。生徒たちは闘いに勝利したのである。同志倶楽部は得意顔で記念撮影をし、三月三一日に組織を解散した。ここに、約五か月間にわたる沖縄中学ストライキ事件は、生徒側の勝利によって落着したのである。

しかし、伊波ら五人の退学処分が取り消されたのではなかった。それに、この勝利によって差別教育が廃止されたのでもない。児玉喜八の後には、それに代わる新しい児玉喜八とそれを支持する天皇制政府の沖縄政策があったわけである。その証拠に、学校ストライキ事件は、その後の沖縄近代史の上で散発的に発生している。伊波らの勝利はたしかに貴重であったが、その裏には天皇制支配の巨大な壁が依然として存在しつづけていたのである。

時代と学問の悩み

❖苦悶と発見

ストライキ事件が終結した年の八月、伊波普猷は二人の友人（照屋《てるや》宏《ひろし》・西銘《にしめ》五郎《ごろう》）とともに上京した。かれはこの時二〇歳になっていたが、自分の前途についてはっきりした目標を見定めていたのではなかった。ただ私学の慶応義塾にはいることを漠然と考えていたにすぎない。かれの心に不安やいらだちに似たさみしさがうずまいていた。

そんな時の九月のある日、二人の友人はどこかへ散歩に出かけた。二人はやがてひどく興奮して伊波の待つ下宿に帰ってきたが、じつは、本郷あたりで肩にマントをひっかけて風を切って大道を闊歩《かっぽ》する一高生や、角帽をかぶってノートを小脇にかかえて、赤門を出入りする帝大の学生らをみて興奮したのである。その興奮は伊波にもすぐに伝わり、かれの中に「心的革命」を起こした。よし、「自分たちはどんなことがあっても高等教育を受けなければならない」、高等学校にはいり、そして大学まで進んですぐれた学問の空気を吸わなければならない、というわけであった。そこでまず中学校の卒業資格を入手しなければならないのであったが、そのために東京都内の中学校をあちこち当たってみたが、思うように編入してくれない。結局、明治義会中学校の五年生に編入させてもらうことができた。やがて翌年の四月に卒業証書を手に入れると、すぐさま三人とも第一高等学校の入学試験をうけた。

ところが伊波は見事にしくじった。この時合格できたのは照屋だけで、西銘も失敗したのである。伊波の心の中を小さな失望感が支配した。やがて西銘が志を変えてアメリカに去ると、伊波は一人で孤独な受験勉強と対決しなければならなくなった。上野公園の図書館に通い、そこで受験科目に熱中しようとしたが、いつの間にかかれは受験には無縁な英文の書物を借り出して机の上に広げていた。いらだちの毎日であった。かれはさみしい、みたされない思いのままで下宿と図書館の間を往復したのである。暗く陰気な四畳半の下宿に一人で座っていると、心の中を複雑な想念が去来した。そして、むしょうに故郷沖縄のことがなつかしかった。

こうして翌年（明治三一年）になると、今度は京都の第三高等学校（京都大学旧教養部）に受験した。四畳半の下宿に同宿し、一高の生徒になっていた友人の照屋は、伊波の「幸先を祈りつつ新橋駅まで見送った」のだが、伊波はやがて京都から「寂しい顔」をして帰ってきた。その年も合格することができなかったのである。また、その翌年も三高に合格することができずに、東京の下宿に帰ってきた。彼の心は暗く沈んでしまった。

だが伊波の志はまだくじけてはいなかった。友人の照屋に頼んで父に自分の決意を伝える手紙を書いてもらった。さっそく照屋は、「誠心誠意をこめて丈余の手紙を書き送ったら（伊波君のお父サンは之を余程感激して読んだらしい。早速友人までが斯く云ふ以上、何処までも目的通りやれとの返事であった」（照屋宏「伊波君と私」）という。苦労の多い一年が過ぎて、とうとうその翌年（明治三三年）に、ついに三高の入学試験に合格することができた。それは長い精神的苦労のすえに達成した、かれのひとつの目標であった。そして東京の下宿をひきはらって、京都に移住した。

だが、四年間の東京生活は、ある意味で伊波をひどく疲れさせた。思うようにならない進学という目的と、正体のはっきりしないさみしさ、むなしさがかれの心にくすぶっていたのだろう。中学時代の明るくはしゃぎまわった生活の日々がなつかしかった。こうした苦悶の時期に、かれはまったく新しい経験をみつめていたのである。それはかれの内部の「沖縄」であった。沖縄という存在が、かれの内面でしだいに頭をもたげてきたのである。それはまだどこかつかみどころのないものであったが、かれの中に住みついているのはたしかであった。上野の図書館で化学の本の上にひろげて、かれが熱中していたのはビショップ゠ビクトリアの「琉球訪問記」であった。また『琉球語訳聖書』を著したB・J・ベッテルハイムもかれの心をとらえていた。東京の沖縄青年会の「会報」などに「秋風録」（?）・「ペルリ日記を読みて」・「偉人の臨終」という短文を投稿したのも、かれの新しい精神的経験と結びついていたといえるであろう。つまりかれは、まだ明確とはいえないにしても、ひとりの沖縄人としての自己を認識しはじめたのである。

三高時代の伊波普猷
（中列左より二人目。前列左端は橋本進吉）

しかし、この種の自己認識は、自分の中で模索する問いかけではあっても、解答を含むという性質のものではない。京都に住むようになって、精神的に自由な時間が許されるようになると、その問いかけは解答を求めて顕在化せざるをえない。自分の精神にうながされながら、伊波ははっきりしない解答を求めて「放浪」した。それは「極度の神経衰弱」という形をとりながら、ある期間は考古学サークルのメンバーとして発掘などの野外活動にかれを向かわせ、またある期間は、仏教の経理に関心をもつ青年たちのサークルで、仏教哲学の厳粛な世界の探究にかれを向かわせた。M・オルドリッチ女史のバイブルークラス（おそらく聖公会派の伝道所であった小川講義所）に出入りして、伊波がキリスト教に接近したのもその頃のことである。

こうした精神的放浪を体験しながら、かれの「沖縄」はしだいに心の中軸として形成されていった。それは内面の対話であり、伊波にとっては沖縄の発見ともいえるものである。休暇で沖縄に帰省した時、かれはノートを用意して古老から昔話を聞き、メモをとるようになった。「吾が沖縄の読書界」（？）・「琉球史の瞥見《べっけん》」・「眠れる巨人」・「海の沖縄人」・「琉球に於ける三種の民」などという作品は、そうした精神的状況の産物である。たとえば『琉球新報』に発表された「眠れる巨人」の中で、かれは当時の沖縄を次のようになげいている。「今日の沖縄は、嫉妬《しっと》し擠排《せいはい》し讒謗《ざんぼう》し相分離しつつあり。ア、目前の小得失と局部の小利害とを相争ひ……高遠なる理想あるを知らざる」と。また同じ紙上に発表された「琉球に於ける三種の民」という小論でも、かれは沖縄の現状をなげいている。今日の沖縄の「所謂《いわゆる》政治なるものも亦理想なきの政治なり。統一なきの政治なり。……小なる沖縄が分離的傾向を有するは、その因って来る所旧藩時代にあり」と。

伊波の沖縄発見は、沖縄の現実に対するなげきとして具体的に表明されている。日本の極南で政治的貧困のまま取り残されている沖縄、社会的上層部に属する人びとの近視眼的ないざこざにあけくれている沖縄——その沖縄の痛苦の現実は「旧藩時代」（薩摩藩の植民地的支配時代）によって規定されている、とかれは考えていた。沖縄の現実によって心がかきむしられるたびに、かれの心の中にひとつの使命感が形成される。それを胸の中にいだいて、かれは再び東京へ行くのである。

❖沖縄研究の開始

三高時代に、伊波普猷はすでに将来沖縄の歴史・文化を研究する学者になる決心をかためていた。かれは三高を卒業すると東京帝国大学（東京大学）に進んで歴史学を学び、沖縄史研究に努力するつもりでいた。だが三高卒業時の謝恩会の席で、かれはサンスクリット（梵語《ぼんご》）の教授榊亮三郎《さかきりょうざぶろう》に感化されたといわれる。榊教授は言語学を学ぶ意義を、とくに伊波に対して強調したのであった。東京帝大に入学した伊波は、迷うことなく言語学科を選んだ。同じ年に、同じ三高からはすでに伊波の友人であった橋本進吉や小倉進平らも言語学科に進んだ。

当時の東京帝国大学文科大学（文学部）の学長は、歴史学者として名高い坪井九馬三《つぼいくめぞう》であった。また井上哲次郎（哲学）・中島力造（心理学・倫理学）・上田万年《かずとし》（国語国文学者で言語学科の主任教授でありチェンバレンの弟子）・三上参次（国史学）・白鳥庫吉（東洋史学）などといった高名な学者たちが教授のポストにいた。朝鮮語学およびアイヌ語学の金沢庄三郎《しょうざぶろう》・英文学の夏目金之助（漱石）・国史学の三浦周行・国文学の佐佐木信綱らは講師であり、日本言語学の開拓者B・H・チェンバレンは「名誉教師」という肩書にそのおもかげをとどめていた。

さて伊波らのはいった言語学科は、かれら三人をもって第一期生とする新しい学科であった。

言語学科は、ラテン語・ギリシア語・サンスクリットなどの古典語が必修であったために、他の学生たちはめったにはいらなかったのである。古典語の予習や復習に追いまくられたからであった。伊波は言語学・文学概論・国語学・国文学などの必修科目を聴講したり、また歴史学の講義にもよく聴講に出かけたようである。とくにかれは、日本の支那学の巨峰の一人である白鳥庫吉教授にかわいがられた。講義以外に、白鳥教授は時々、伊波を料理店に連れて行ってごちそうしたらしい。ビールを飲みながら教授は「伊波クン、学問をやるのに一つだけぜひ心掛けておかねばならない。それは自分の間違いは自分で訂正する勇気をもつことだ」といった。日本のはるか南の「琉球」からやってきて、情熱的に勉強している一人の青年を、白鳥教授はそのようにいってはげましたわけである。伊波はその言葉によほど感激したらしく、それをかれの終生変わらぬ座右の銘として大事にしたそうである（冬子夫人の証言）。

当時の文科大学には精神病理学・生理学・生物学・人類学といった自然科学の講座も開設されており、それらのいくつかを伊波は聴講したのであろう。のちの伊波の論理に散見される精神分析学的・心理学的・進化論的発想や知見の一端はそれらの講義で集められたものにちがいない（むろん伊波の社会進化論的な知見の出典は明治三七年の丘浅次郎の名著『進化論講話』であったが）。また人類学の講義の聴講などを通じて、かれは坪井正五郎《つぼいしょうごろう》や鳥居竜蔵《とりいりゅうぞう》らに接触したのであろう。明治四四年に発表された伊波の処女作『琉球人種論』は、その二人の高名な人類学

伊波普猷の東大卒業記念写真（前列の左端。その右は金田一京助、さらに右は橋本進吉、二人おいて小倉進平。後列右より二人目は新村出、その左が上田万年）

者・考古学者に献げられているのである（それについてはあらためて触れることになる）。

明治三七年には言語学科にたった一人の入学生金田一京助がはいってきた。そしてたちまち伊波ら三人と親しくなった。「この人たち（伊波・橋本・小倉）の態度はみんな、当時から立派でした。すぐ親しくなって、話し合ってみると、どの人もみんな日本語のための言語学だったのです。日本語の起源はどうか。世界のどこに、日本語と同じもとから分かれた言語が話されているか。日本語がこの島へ来る前に、どっちのほうで話された言葉か。この問題をみんな共通にもっていたのです。それで各々、一人でもって、日本語をとりまく諸国語と、日本語との関係を明らかにしていかなければならないわけでした」（金田一京助『私の歩いて来た道』）。琉球語の伊波普猷、国語学の橋本進吉、朝鮮語の小倉進平、アイヌ語の金田一京助という、将来言語学の大家となる四人の仲間が一堂に会したのである。四人はそろって新村出《しんむらいずる》助教授の「国語学概説」という講義を聴き、深い感銘をうけたのであった。

明治三八年には、五高から東恩納《ひがしおんな》寛惇《かんじゅん》が歴史学を学ぶために入学してきた。郷里の年下の友人である東恩納とともに、伊波は共通の講義を聴いた。ある日、講義室の廊下の窓ぎわによりかかりながら「自分は文献の考証には、あまり興味を有たない、また得意でもないから、その方面は君で担当して呉れ、どの辺で切らう、大体薩摩入りを境として分野を定めて置かうか」、とかれは東恩納に情熱的に語ったという（東恩納寛惇「伊波君の想出」）。伊波はすでにこの頃から本格的な沖縄研究に取り組んでいたのである。

かれが大学に入学した年に、かれは『おもろさうし』という沖縄の古代歌謡を目の前に提示されていた。その年、かれが郷里の友人数人と共同生活をしていた本郷の一軒屋へ、中学時代の恩師田島利三郎が突然風のように現れた。田島はかれの教え子が、近代科学としての言語学を学んでいることをとてもよろこんだ。そして、かれがそれまで苦心して収集した「琉球語研究資料」のすべてをよろこんで伊波に与え将来の研究成果に期待したのであった。その資料の中には『おもろさうし』が含まれていたのである（一般に田島本「おもろさうし」と呼ばれるもの）。田島はしばらくの間伊波らの下宿に滞在して、伊波に自分のオモロ研究の成果を講義したのである。やがて間もなく、きた時と同じように、田島は風のごとく立ち去った（その後田島は中国大陸を放浪したといわれる）。

田島が去った後、一人だけで伊波は「已むを得ず、オモロの独立研究を企てたが、さながら外国の文学を研究するやうで、一時は研究を中止しようと思った位であった。けれどもオモロが如何に解《かい》し難い韻文《いんぶん》だといっても、もともと自分等の祖先が遺した文学であって見れば、研究法さへよければ、解せないことも無いと思って、根気よく研究を続けた。其の頃（大学の）考古学の講義で聴いたフランスの学者がロゼッタストーンを研究した話などは、私の好奇心を高めるに与《あずか》って力があった。それから私は琉球語の唯一の辞書『混効験集《こんこうけんしゅう》』（一七一一年編集）の助けによって、オモロを読み始めた。一年も経《た》たない中に、半分位は解せるやうになった。それでいけないところは、（沖縄の）田舎や離島の方言の助けによって読んだ。二年も経たない中に、七八分通り解せるやうになった」（『校訂おもろさうし』序文）、と伊波は大学時代のオモロ研究について述懐している。

そしてかれの大学時代の沖縄研究の成果は、東京の学術雑誌や沖縄の新聞などに発表された。「阿麻和利考《あまわりこう》」・「浦添考《うらそえこう》」・「琉球の神話」・「琉球文にて記せる最後の金石文」といった論文は、その頃に書かれたものであり、かれの大学時代の知的結晶であった。伊波普猷の沖縄研究はまさに大学時代に、軌道に乗ったというべきであろう。

規程の単位を取得し、外国語二科目の試験にパスした。卒業論文審査と専門科目口述試験にパスし、六月の卒業者名簿に伊波の名前は記載された。自己の使命感をあたためながら、かれはいよいよ沖縄へ帰ることになった。そこには、かれの学問を待つ社会と未開拓の学問的世界が横たわっているはずであった。

❖行動する「沖縄学」

伊波が帰ってきた沖縄は、天皇制によって食いちぎられつつある沖縄であった。あの謝花昇《じゃはなのぼる》は狂人になりはてていた。伊波がかつて東京で孤独な受験勉強と相対していた頃、謝花は天皇制政府と沖縄県庁およびその協力者である沖縄人支配層を向こうにまわして、制度的平等・政治的権利の獲得のために闘っていた。だが差別的支配の壁は厚く、謝花は圧迫を加えられ、明治三二年に神戸駅で発狂したのである。謝花に象徴される犠牲の上に、日露戦争(一九〇四〜〇五年)を新しい契機として、軍国主義的・差別的支配の要塞はますます強化されていった。

内心の声にうながされるようにして帰ってはきたものの、伊波を迎え入れる適当な機関は沖縄にはなかった。天皇制政府は近代沖縄にいっさいの高等教育機関をつくらなかったのである。しかも沖縄の文化を野蛮なものとして排斥し、画一的な文化的中央集権化を推し進めている県庁(明治政府)が、伊波のような沖縄研究者をおいそれと歓迎するはずはない。かれはしばらくの間無職の状態で日々を送らねばならなかった。

「明治三九年の夏、赤門(東大)を出て、郷里に帰った時、私は一個の郷土研究者として一生を終わるつもりでゐました。郷里の事情は私が一個の学究として立つのを許しませんでしたが、それでもなほ私は最初の数年間、沖縄本島はもとより、各離島を跋渉《ばっしょう》して、方言や土俗の研究に従事しました」（『琉球古今記』序文）、と伊波は当時の心境について語っている。新しい知識、かぎりない沖縄への愛情、貧困な郷里の現実、ひとりの研究者としての自分―それらの内面の回転は、伊波を情熱的な行動者にしたてた。まず学術資料の収集に尽力しなければならない。かれは親友真境名《まじきな》安興《あんこう》と協力して沖縄の各地を歩きまわった。

かれが八重山に行った時、そこで小学校の教師をしていた喜舎場《きしゃば》永珣《えいじゅん》に対して、八重山地方文化の研究がいかに重要であるかを力説したのだという。喜舎場は、それ以後地道な土着的研究者への道を歩んだ。多くの啓蒙的な講演活動、新聞紙上に発表されたおびただしい小論文―それらの知的活動の裏には、伊波のきわめて現実的な問題意識がかくされていたのである。

東恩納寛惇夫妻と伊波普猷（右）（『南島風土記』より）

伊波にとって、沖縄の歴史や文化を探究し未開拓な知識の扉を押しひらくことは、単なる知的関心のみでは処理しえなかった。現実に対する痛苦の認識が強まれば強まるほど、かれの論文と講演における論理の底は熱っぽいものにならざるをえない。かれが沖縄県庁の官僚たちに「危険思想家」と思われていたことは理由のないことではなかったのである。「県庁が先生（伊波）を県立一高女の校長にかつぎ出そうとしたこともある。《オレを危険視して口を封じようと校長のイスをもってきたヨ》と先生は笑っていた」と山田有功は証言している。

伊波の学問は伊波個人の生き方の問題だけにはとどまらない性格のものであった。学問に身を献げるということを通じて、かれは自分の人生を生きようと見定めただけではない。すくなくとも、かれが求めたのは沖縄人という集団の生き方にかかわる問題であった。歴史的過去や文化遺産の発掘が、沖縄人の進むべき道の発掘と結びつくと観念していたところに、伊波のこの時期の学問―「沖縄学」の形成期―の基本的性格があり、また不幸があったというべきだろう。ある意味で、伊波の学問とその思想の様相は、「琉球処分」以後遂行されていなかった、純粋に沖縄人の立場からの―下からの―精神的民族統一への希求を含みかつ実践した性格ののだとはいえないだろうか。一方で国家主義的な皇民化政策が推し進められ、地歩をかためつつあった時に、伊波が「民族的自覚」を唱え、それが多くの沖縄人の共感を呼んだという、そのような思想的潮流がいつまでも健康のままで成長することはできない。みずからの純粋さを保とうとすれば、挫折するか、それとも階級的視点へと成長する以外にはない。それに属さない多くの人びと―とくに社会的上層の人びと―は、国家主義的民族意識の側に完全に自己を献げることになるわけである。

明治四三年、沖縄県立図書館が開設されて、伊波はその責任者に任じられたが、しかしそれは「館長嘱託《しょくたく》」というあいまいな形の地位であった。官僚たちはまだ伊波に正式の館長という地位を与えるつもりはなかった（正式の辞令がおりたのは一〇余年後の大正一〇年であった）。伊波はこの新しい図書館を沖縄の文化センターとして機能するように心をくばった。事実、そこは研究者・青年男女・子供たちの文化的な意味でのメッカとなり、また伊波を信奉する青年たちの広場になった。

子供たちを集めていろいろな話をして聞かせたりキリスト教会に関係したりして、あいかわらず忙しく伊波が活動していた頃、河上肇《かわかみはじめ》が学術調査の目的で沖縄にやってきた（明治四四年四月一日）。伊波は河上と親しく交流することによって、河上というひとりの求道者に尊敬の念を禁じえなかった。二人はまるで古い友人のような親しみで、おたがいを理解しようと努力した。その年はまた、伊波普猷の沖縄研究にとっても記念すべき年であった。それ以前までのかれの研究成果を集大成し、将来の研究への展望を切りひらいた名著『古琉球』が出版されたのである。同時にその書物は伊波の自己認識の産物であり、また当時の沖縄の人びとの自己認識を結集した性格をおびていたといえよう（それらの点については後で触れる）。

沖縄研究者の明暗

❖啓蒙家の顔

大正四年（一九一五）、伊波は重い病（腎臓炎・糖尿病）にかかり、やっとのことで一命をとりとめた。生来病弱なかれは、病の期間まったく研究を放棄せざるをえなかった。数年後にひとまず健康を取り戻すと、かれは比嘉春潮《ひがしゅんちょう》とともにエスペラント学習活動を主宰した。図書館を中心的な場にして、教師・中学生・知識人らと「緑星倶楽部」という学習会を組織し、また日本エスペラント協会の会員にもなった。学習会では、エスペラント訳『新約聖書』の読解を指導した。

大正のなかば頃から、かれはかれが関係していた教会（組合教会）で聖書の講義を担当している。また賛美歌を琉球語（沖縄方言）に訳するというほどの熱の入れようでもあった。組合教会には多くの青年たちが出入りし、沖縄の未来について論じ合った。

同じ時期頃から、かれはいわゆる民族衛生講演活動を精力的に展開している。「血液と文化の負債」というテーマのその講演活動は、伊波が東京に移住するまでの約六年間に三六〇余回にもおよんでいる。かれは沖縄の各地を精力的に歩きまわり、みごとな沖縄方言で自己の考えをのべた。もともと伊波という人は、首里方言をうまく操ることができたらしいのだが、それにもおとらぬほどに、その「地方そっくりの方言」で話すこともできたのだという。だからかれの講演には、日本語（標準語）を解せない老人たちもかなり多く集まった。「伊波文学士」の名前は、沖縄の各地に種々のエピソードを交えながら定着することになる。

たとえば、沖縄本島最北部にある「陸の孤島」奥《おく》という部落（村落）での講演の時の模様である。「私の講演のあった日は、未明に青年達が法螺《ほら》を吹き鳴らした後で、大声で今晩幾時から講演があるから集まるやうにと触れまわってゐたが、定刻少し前に会場にいって見ると、千二、三百人の老若男女がもう芝草の上に居並んでゐた。私の講演を能く了解したと見えて、肝腎な所では盛んに拍手」をしてくれたという（『をなり神の島』）。

ところでかれは一体どんな内容の話をしたのだろうか。講演記録そのものは何も残っていないから、正確なことはわからないのであるが、おそらく次のようなかれの確信を背景にした内容であったにちがいない。

まず沖縄史の教訓的理解を基底におきながら、「遺伝学」的に当時の沖縄に色濃く残存していたとされる近親結婚の害悪などを指摘したのであろう。それはかれのいう民族衛生上打破すべき習俗だったのである。たしかに沖縄は、「琉球処分」という「奴隷解放」によって「自由」を得たかもしれないが、それは「形式」においてそうなのであって、「精神的」にはいまだ「解放」をみない不自由状態にある―と伊波は考えていた。この精神的未解放＝不自由状態は、閉鎖的な「島国根性」や「事大主義」、あるいは「奴隷根性」などとなって発現していた。悪しき因習にとらわれている人びと、「金力や権力の前に容易く膝《ひざ》を屈して、全民族（沖縄人同胞）を犠牲に供して顧みないやうな奴隷根性」をもった人びと、それらの人たちを内面的（精神的）に解放してやらねばならない。「民族的自覚」をうながして、自由で近代的な国民意識をもつようにしむけなければならない、と彼は考えつづけていた。それゆえに次のように強調したのである。「私は断言します。沖縄人は過去に於いてあれ丈の仕事位はなしたから、他府県の同胞と共に廿世紀の活動舞台に立つことが出来るのであります」と。ここに沖縄の内面的改革者伊波普猷の顔をみることができる。とはいっても、伊波の民族衛生の講演は、おおむねかれの主張を通俗化して、たとえば「酒を飲んで、酔っぱらって子供をつくると、生まれてくる子供はバカになる。賢明な妻は、酔っぱらった夫の性的欲求を拒絶しなければならない」というものであったそうだが。

伊波の思想と行動は、また若い女性たちをもひきつけた。封建的な家族制度に拘束されていた女性たちは、みだりに男の人と口を利くことは許されていなかったし、結婚も親兄弟が決めるのが当然だとされていた。その女性たちに向かって伊波は、まず「何よりも先に迷信の牢獄から自らを解放」（『沖縄女性史』）しなければならないと説いた。近代的個人としての自己を意識し、自由意思による恋愛や結婚を強調したのである。

伊波はかれ自身、「不幸な否《いな》不釣り合いな結婚」をしていたのである。自分の意思とはまったく無関係に、父から妻を与えられたようなものであった。それはかれとかれの妻モウシの二人にとって不幸であったというべきであろう。

伊波普猷と新しい女性たち
（座っているのがのちの冬子夫人。
沖縄タイムス『比嘉春潮全集』より）

「夫婦は車の両輪の如しといふが、過渡時代の私達は、車が一方の廻らない輪を中心として、同じ場所をぐるぐる廻るやうに、動かない妻を中心として、郷里という狭い範囲で活動した」、とかれはやや自嘲的に語っている。だからかれの女性論や恋愛論は、自己の「不幸な」結婚という体験によって裏打ちされていたといえるだろう。

酒をいっさい断ち、また当時の上流人たち

の間ではあたりまえのこととされていたところの、遊廓《ゆうかく》に出入りしてそこに「女を囲う」ということを、伊波はキリスト教的な禁欲主義の立場から拒絶していた。それどころか、かれは「社会改良」の立場から、遊廓制度の廃止をも主張していたのである。そのような私生活上の態度と、長いヒゲをはやした顔の伊波は「まるでキリストのように見られていた」のである。

とくに、一〇余人の若い女性たちは、そのような伊波をたちまち信奉するようになった。かれの聖書講義や講演会に盛んに姿をみせ、図書館のかれの所に押しかけた。民族衛生の講演に同行したり、かれの私宅にも頻繁に出入りしたのであった。こうしたことは、保守的な人びとから悪評をもって迎えられたのはいうまでもない。伊波を中傷する黒い噂が乱れ飛んだ。だが、かれはあまり意に介さなかったのであろう、かれの家に遊びにやってきた数人の若い女性を前にして、「先生は、ご自分と同等の知識者に対する如く、私たちにオモロの解釈や語源の発見などを、目をらんらんと輝かせながらお話になるので、それが楽しかった」とある女性は証言している。

このように伊波を信奉したり、あるいはその影響を受けたグループの中から、沖縄の新しい恋愛と結婚が生まれた。中には親の決めた婚約を無視して、自由意思による結婚を成しとげた男女もいたし、また妻帯者と未婚女性の恋愛という「家庭悲劇」におよぶカップルも出てきた。それが、あたかも伊波の責任であるかのように非難・中傷された。

だが彼女たちは、まだ完全な意味での目覚めた女性たちではなかった。女性解放という社会的自覚を明確にもっていたグループではなくて、伊波普猷という一人の崇拝者を中心にして、自由な場と雰囲気とを求め合った女性解放の小さな序曲の演奏者であったというべきだろう。またその性格が、伊波の思想および社会的実践の基本的性格と一致もしくは対応していたといえる。

❖虚脱感と再出発

伊波は政治的矛盾を真正面からとらえようとはしなかった。つまり、現実政治の貧困との決定的な対立を避けていた。露骨な帝国主義国日本は、他民族への侵略に狂奔しており、その重い圧力が沖縄社会を規定していること―まさにそのことを洞察し、その分析の上にたつ啓蒙活動を展開しえなかったのである。日本人の一構成員としての沖縄人という「民族的自覚」の命題が、侵略主義的国家イデオロギーと判別しえなくなると、かれの命題自身は壁にぶち当たらざるをえなかった。国家イデオロギーに自己の命題を献げることを拒否するかれは、かれ自身の命題そのものを変更せざるをえなかったのである。そこで新しく出てきたのが「宗教的自覚」という命題であったが、それはかれの政治的「温和主義」への傾斜の表明であった。

すると、アナーキストたちは伊波にするどく反発した。もともと伊波の影響下に育ったこの

オモロ校訂中の伊波普猷

「反逆思想者」たちは、今や公然と伊波批判をやりだしたのである。かれらは「階級的自覚」という新しい命題を対置した。かれらの思想はまだまだ幼稚であったとはいえ、ロシア社会主義革命（一九一七年）や米騒動（一九一八年）などの思想的背景をバックにして沖縄に登場していたのである。伊波はかれらの批判に対して、「急所を避けて、問題を脇へそらせ」ざるをえなかった（比嘉春潮『沖縄の歳月』）。かれの前に手きびしい批判者の一群が現れたのである。「先生の思想は矛盾しているんじゃないですか。社会主義の横にひろがる考え方と、民俗学のタテにつらなるような考え方は相いれないと思いますが」とある伊波の信奉者が伊波の河上肇への傾倒ぶりについて指摘すると、「イヤ、ほりさげていけば両方とも一致するヨ」とかれは答えたという。

沖縄社会にマルクス主義的思潮が台頭し、また、ささやかながら労働運動も芽ばえはじめていた。そのことはつまり、沖縄社会の矛盾がより深刻になったことを意味している。農村も極度に疲弊《ひへい》していた。軍国主義の冷風も強く吹きまくっていた。そして伊波の心は、しだいに引き裂かれ、一種の虚脱感が心の底に住みはじめた。新鮮な情熱を引き裂かれた学問は、むなしい空転をくりかえして真理への深化に進めなかった。

そんな時、北の日本本土から日本民俗学の偉大な開拓者柳田国男《やなぎたくにお》が沖縄にやってきた（大正一〇年一月）。柳田は『海南小記』の旅をつづけてやってきたのだが、かれは東京ですでに『古琉球』の著者である伊波を知っていた。伊波が「社会教育の講演やその他に忙殺され、研究から遠去かって」いるという「噂は東京にまできこえていたので、伊波君に逢い、学問をするよう、すすめて来ようと思い立」ったのである。二人は図書館で毎日のように会い、沖縄研究のことを中心にしながら交流した。とくに柳田は、伊波にオモロ研究を早く完成するようにうながしたのである。その交流は伊波の「一生にとって忘れることの出来ない大事件」だったわけである。また、その二年後に沖縄にきた折口信夫《おりくちしのぶ》との邂逅《かいこう》も、伊波にとってはやはり忘れることのできない「大事件」だった。一種の虚脱感にとりつかれて、学問的情熱を失いかけていた伊波に、その二人の学者は新鮮な情熱を呼びさましてくれ、また沖縄研究の意味を強く再認識させてくれたことになる。

その頃、伊波は一人の若い女性を愛していた。その女性は、和歌を詠み新しい時代意識に目覚めかけていた真栄田忍冬《まえだにんとう》という人である。その女性は「不幸な」結婚をしていたが、伊波を信奉しているうちに尊敬の念がいつしか愛情に変わっていたのである。妻子のある伊波も、しだいに自分の愛情のたかまりを確認していった。だが、この二人の愛が当時の社会でうけ入れられるはずはない。世間は二人に冷たい目を向けるし新聞も五〇歳に近い沖縄一流の文化人の

「不倫の恋」を中傷した。

伊波が時々出入りした料理屋の女将《おかみ》はかれの信奉者であったが、ある日、店にきた伊波に向かって、「エータイ、いろいろと変な噂を耳にしますが、それは嘘ですね」と女将が尋ねると、かれはまじめな顔をして、「エー、ウレーフントーヤッサー」（うん、事実だ）と答えたという。「一体私達に対する世評は評者の勝手であって、私達がどうともすることの出来ないものである。もしそれを自分の欲する儘《まま》に左右しようと思ったら、私達は身を終えるまで弁解して廻っても駄目であって、これがために私達の精神を浪費することが夥《おびただ》しいのである。併し乍ら信仰の力さへ湧出《ゆうしゅつ》したら、私達はあらゆる世評に対して何処を風が吹いたかといふ態度で、何者も恐れずその信ずる所を実行する事が出来る」（『真宗沖縄開教前史』）と伊波はのべている。その文章は不思議とその頃の伊波の気持ちに符合しているとはいえないだろうか。

だが二人の愛を育てるためには、沖縄を離れねばならない。そうだ、東京に行って、そこでオモロや沖縄の研究に没頭しよう、そこには柳田国男や折口信夫らが待っており、また、静かに学問に打ちこめる場所があるだろう、ぜいたくはできないが、二人が生きていくだけの糧は何とか得られるだろう―と伊波は考えたにちがいない。大正一三年一二月、かれは図書館長を辞任した。その後任にはかれの親友真境名安興が決まった。愛する女性は一足先に東京に行っており、そこで伊波を待っている。翌年の二月、彼はこれまで誇りにさえしていた長いヒゲを剃り落とし、東京に向かった。冬の東京の風は、ヒゲのない学者の顔にはさぞ冷たかったことであろう。

残された沖縄は、残酷な帝国主義の歴史によって食いちぎられていた。やせた狭い農地、低い生産力（全国平均の二分の一だったとされる）、人口密度の「異常な」高さ、台風と干魃《かんばつ》などの自然災害。頼みの砂糖生産も一部の独占企業や商人に利益を吸い上げられるし、おまけに市場相場も極度に下落し、農民たちの生活は破滅に瀕していた。その上に、日本帝国主義は高い租税などによる無慈悲な収奪を強化した。こうして大正末期頃からの沖縄は、「ソテツ地獄」と呼ばれる悲惨な経済的かわきを呈するようになった。食えない人びとは、かなしい決意で南米・南洋群島・フィリピンに移住するか、それとも日本本土の大工業地帯の低賃金労働者の道を選ばざるをえなかった。まさに沖縄は、経済的破滅に瀕していたというべきであろう。

東京に移住したばかりの伊波も、残してきたばかりの故郷の「どん底」状態に無関心ではいられなかった。かれは『沖縄よ何処へ』（一九二八年）という小冊子の中で、「昨今非常な窮状に陥って、国家の手で救済されなければならないやうになってゐる」沖縄について、熱っぽく触れている。租税負担が差別的に重い沖縄は、「自分で起って歩むべき力をとうに失って了ってゐるのだ」。だから、伊波は考えた。「沖縄県の救済は、もっと根本的なものでなければならないと思ってゐる。即ち或時期の間特別会計若しくは、さういったやうなものにして、島民の負担をうんと軽くして貰はなければ駄目だと思ってゐる。さうしてその経済生活がゆっくりなった暁に琉球復活の曙光《しょっこう》は現れて来るであらう。さうでない限り、如何《いか》に立派な教育方針も、如何に適切な産業政策も、徒《いたずら》に机上の空論に終るであらう」と。

だが、とうとうその「曙光」はやってはこなかった。帝国主義国家は、自己の保存や侵略的発展のために国民からの搾取には尽力するが、「窮状」にあえぐ人びとに手を差しのべることは決してしない。沖縄経済は全般的飢餓状態のまま、やがてあの沖縄戦という地獄に行きつくのである。《ソテツ地獄》の沖縄は、天皇制支配の結果であり、沖縄戦への悲惨なコースのかなしい序曲であったわけだ。そして伊波の東京移住は、愛情の問題が直接的契機とはいえ、啓蒙家伊波普猷の限界と敗北を意味したと考えるべきだろう。その敗北の上に、かれの「沖縄学」は書斎の中で知的に深化させられるのである。

❖書斎の「沖縄学」

伊波は新しい妻と二人で、小石川に小さな部屋を借りてささやかな生活をはじめた。妻はお茶ノ水女高師（現在のお茶ノ水女子大学）の図書館に勤めていた。伊波自身は、友人金田一京助の世話で二つの女学校（帝国女子専門学院・千代田女子専門学校）の非常勤講師になり、言語学を講義して収入を得た。夫婦の収入に、伊波の原稿料や印税が加わりはしたが、生活は決して楽だとはいえなかった。つまり清貧そのものの生活だったわけである。

あまり外出を好まなかったかれは、時間を大事にしてひたすら沖縄研究に打ちこんだ。オモロの体系的な研究をはじめたのは東京に住むようになってからである。「あの人は研究して論文にまとめるまでがたいへん時間のかかる人で、何日でもぶらぶら庭を歩いたり、縁側を歩いたりして一日中口をきかないことがよくありました。私がそばに居るのも気づかないぐらい自分に没頭する人でした。それが書きはじめると実に早いんです。そして書きあげたものを私に「読んでみてくれ」といって読ませるものですから、その文章の誤字など、私のわかる範囲の意見をいうと、「トゥアンセー、イャアノゥセー」（きみ、ついでに直してくれよ）、とよくそんなこともいっていました」（伊波冬子「夫・伊波の思い出」）―と夫人は当時のことをほのぼのと回想している。

研究に疲れた時は、庭いじりを楽しんだり、あるいはぶらりと銀座に好物のビフテキを食しに出かけた。また訪問者を歓迎し、談話にひどく熱中するタイプの人物であったという。「話ぶりも庶民的で親しみが持てました。私が沖縄へ帰省して再び上京すると、私からも沖縄の話をきいてタバコの箱にメモをとるといった熱心さには驚きました。詩人タイプの人でした」―とある研究者は回想する。東京にいても、かれの心は終始南の沖縄に釘づけにされていたのである。

伊波普猷霊園（浦添城跡にある。左は墓で右が顕彰碑）

研究は着々と進行した。柳田や折口らとの学問的・人間的交流は、伊波の学問にいっそう民俗学的色彩を付与したといえる。言語学的研究もより深化・拡大した。『南島方言史攷』（一九三四年）・『をなり神の島』（一九三八年）・『日本文化の南漸』（一九三九年）・『沖縄考』（一九四二年）といった「沖縄学」の名著が次々と発表された。かれの「沖縄学」はより体系的に、内容はより深化させられたのはいうまでもない。それらは東京の書斎におけるかれの精神的労働の産物であった。「ボクの学問はだんだん深くなってきたがそれにひきかえ書物は読まれなくなった。むしろ初めに出した素朴な『古琉球』に読者はとびついている、どうも解せない」と伊波は語ったという。事実、『古琉球』は何度も版を重ね、伊波の著作の中では最も多くの読者を獲得したのである（伊波は『古琉球』を絶版にするつもりだったらしいが、柳田や折口らの説得で断念したという）。

書斎以外の活動についても触れておこう。昭和三年の九月から翌年の二月まで、かれはハワイ在住沖縄県人会の招きでハワイ諸島の各地で講演し、またカリフォルニアまで足をのばしている。昭和一〇年には、約半年間にわたって国学院大学の学生たちにオモロの集中講義を担当し、その中で日本の学問にとって沖縄研究がいかに重要であるか、ということを強調した。同じ年、柳田国男は還暦を迎えたが、それを記念して日本民俗学会は記念講演会を開催した。その時伊波は、「南島稲作行事採集談」という二時間余におよぶ記念講演をしている。その翌年は、伊波自身の還暦の年であった。東京と沖縄の両地において、かれの還暦祝賀会がひらかれたし、また日本民俗学会もかれのために記念行事をもうけた。『南島論叢』という記念論文集も発行された。そこには柳田や折口、あるいは大学時代からの友人である橋本・小倉・金田一らが論文をよせ、また当時の沖縄研究者のほとんどすべてが論文を書いている。

だが伊波の健康はすぐれなかった。神経痛がひどくなり、やむなく伊豆の温泉に療養に出かけた(昭和一二年)。胃の調子も思わしくなかった。そのたびに、かれは研究にブレーキをかけられた。かれには、まだまだ開拓しなければならない研究テーマが数多く横たわっていたのである。頭脳だけが、それらの抽象の処女地を散策していた。

それに、時代の空気は暗く重かったのである。日本帝国主義は中国大陸に侵略の兵を進め、国内の思想的自由・健康な良心に苛酷な圧迫を加えていた。そして泥沼のような太平洋戦争に日本ファシズムは突入していったのである。

灯火管制の下でも、伊波はそれを無視してスタンドの灯で研究に没頭したというエピソードも伝わっている。そのころかれは、京都で謹慎を強制されていたマルクス主義者河上肇に、自分の著作や日常物資を送り手紙を書いている。暗い谷間の時代の良心の交流であった（この点については後で触れる）。昭和二〇年五月の米軍機の東京空襲は、伊波の住む住居を全焼させた。幸い、沖縄研究の重要資料は大事をとって地中に埋めてあったから難を免れたが、かれの蔵書や研究ノート・家財道具はすべて灰になった。放心したかれは、良き協力者・親友であった比嘉春潮の家に夫人とともに身をよせた。そしてそれから二年ほどのちに、そこで突然息をひきとるのである。昭和二二年（一九四七）八月一三日午後一時一五分のことであった。

伊波普猷という人は、まず何よりも沖縄人であり、ヒューマニスト・良心の人であった。その生涯は沖縄のために献げられたといっても決して過言ではない。かれのたどった生涯やその学問は、われわれの貴重な遺産なのである。天皇制政府によって日本の最底辺に措定され、差別と貧困の地位を押しつけられた近代沖縄を、自己の内面のすべてで感じながら学問をしなければならない痛苦の学者であった。「ひところ、本を全部フロシキにつつんで、学問よりもこれから沖縄をなんとかしなくちゃいかんとあせっていたこともありました」（夫人の証言）という話の中に、伊波と沖縄のかかわりぐあいが象徴化されているといえる。その生涯は多くの感動にみちていると同時に、また多くの矛盾にみちている。沖縄の現実にかきむしられる精神をかかえながら、反骨者の顔と妥協者の顔の間を苦痛をもってわたり歩いた思想の人でもあった。「かれは良心の命ずる所に従ひ、自分の行くべき道を歩んで行ける所まで行った人である。

かういふ道行こそはやがて人生の近道であって、この道を選んだ人は、よし中途で障害物に出会ふことがあるとしても、更に後悔することのない人である。たとへ行き詰まって物質的に死ぬることがあっても、精神的には生きるのである」（『真宗沖縄開教前史』）――という、権力の弾圧に抗して真宗の教義を説いた仲尾次政隆《なかおしせいりゅう》についてのべた伊波自身の言葉は、同時にかれの生きる命題でもあったといえるだろう。

さて、今われわれは伊波普猷の生涯とその人間像を概観し終わったのであるが、むろんこれですべてがかたづいたのではない。一個の人間の生涯は、われわれが予想する以上に深く、また豊かである。単純な評価や批判は、つまるところわれわれ自身の精神的貧しさを証明することにしかならない。まして伊波のように赤裸々な「告白」をしていない人間は、学問的な論理の中に自己の実像を記録しているかもしれないのである。もし自己の実像に学問的表現を与えているのだとしたならば、そのかくれた沃野《よくや》に今からわれわれは出かけねばならない。そして、その観察や検討（分析）の結果を、かれの生涯に重ね合わせることがわれわれのつぎの課題になるわけである。

II

伊波普猷の沖縄史像

沖縄人の祖先

❖「沖縄学」の一里塚

伊波普猷が県立図書館長嘱託《しょくたく》となった年の翌年、明治四四年（一九一一）は、伊波の学問にとって記念すべき年であった。かれはその年に三冊の著書を那覇で出版したが、三月に『琉球人種論』、五月には『琉球史の趨勢《すうせい》』という数十ページの書物がそれぞれ世に出ている。その二冊の小冊子とその他の論文をまとめて一二月には『古琉球』という「沖縄学の古典」が発表され、名実ともに伊波の「沖縄学」の一里塚となっている。

当時、日本と世界の歴史は東アジアを舞台にして深刻な形で進展しつつあった。列強と呼ばれる帝国主義諸国は、東アジア─とくに中国と朝鮮─の植民地的分割に血まなこになっていたが、一九一一年（明治四四）一〇月、中国には孫文らを中心とする辛亥革命が起こり、植民地化反対と民族独立への動きが活発になりはじめていた。日本帝国主義は朝鮮を植民地として併合し、国内においては軍国主義と侵略主義のための地歩を強固にしつつあった。石川啄木は明治四三年に「時代閉塞の現状」という論文の中で、押しつぶされる自由と息苦しい思想状況を批判した。その翌年一月には、「大逆事件」で幸徳秋水・管野スガらが死刑に処せられている。一方、雑誌『青鞜《せいとう》』の発刊（九月）にみられるように、女性の解放を志向する運動が起こり、また「白樺」派の理想主義的文学運動も活発になりはじめていた。

河上肇の沖縄研究ノート（京都大学蔵）

帝国主義・軍国主義の波が、日本の海南に位置する沖縄県に打ちよせたのはもちろんである。その波は「差別」という形で荒々しく沖縄全土を洗った。明治四一年一〇月の、孤独な狂人謝花昇《じゃはなのぼる》の死は、沖縄県におけるその高潮の加害の象徴であったといえるだろう。

謝花昇が死んでから三年後、つまり伊波の「沖縄学」の記念すべき年―明治四四年に、京都帝国大学助教授河上肇が学術調査の目的で沖縄にやってきた（四月一日）。さっそく河上は沖縄県教育会主催の講演会で、「新時代来る」という題名のスピーチをやった。かれはその中でとくに次のような点を指摘した。「余が沖縄を観察するに沖縄は言語・風俗・習慣・信仰・思想その他あらゆる点において内地（日本本土）とその歴史を異にするがごとし。而してあるいは本県人を以て忠君愛国の思想に乏しいという。然れどもこれは決して嘆ずべきにあらず。余はこれなるが為に、却って沖縄人に期待するところ多大なると同時にまた最も興味多く感ずるものなり。……今日のごとく世界において最も国家心の盛んなる日本の一部に於いて、国家心の多少薄弱なる地方の存するは、最も興味あることに属す」と。

河上のその発言の裏には、当時の天皇制思想（「忠君愛国」・「国家心」）に対する批判がこめられていたのであるが、沖縄の天皇制思想の布教者および信奉者たちは言論機関（新聞）を使って河上にするどく反発した。沖縄県民を「非国民」呼ばわりするとはけしからん、というファナティックな論難をあびせられ、河上はとうとう滞在予定をくりあげて沖縄を立ち去らざるをえなかった（河上肇舌禍《ぜっか》事件）。

この事件は、当時の沖縄の思想的状況をするどく反映しているとみられるが、われわれはこうした思想的状況下において、伊波の学問上の一里塚が構築されたことに注目する必要がある。伊波は河上が滞在していた短い期間、毎日のように図書館の一室で河上と熱心に話し合ったといわれるが、その一端は河上の「沖縄研究ノート」に断片的に記されている。

ところで伊波は、「貧困と因習の中に沈んでいる沖縄を救うのは、青年と婦人とであると考えていた。伊波さんは、若いものには極力読書をすすめられた。幅広い読書によって、せまい沖縄以外の世界に目を開き、視野を広くした後に、ふたたび沖縄の社会を見つめた時、青年たちは自分らの世界がいかに世に立ち遅れ、改善すべきことの山積しているかを知るであろう」というのが伊波の持論であった。また、「なにかというと、国家主義的な言辞をろうし、こうあるべきだ、ああすべきだと沖縄人が日本人としての意識に欠けるというようなことをいいたがる大和人の郡長がいた。すると（伊波）先生はこれを評して、国の風俗習慣はなる（become）ものであって、つくる（make）べきものではない。郡長などがおこがましくもつくろうとするのは笑うべきことだといった」という（比嘉春潮『沖縄の歳月』）。

こうした伊波の啓蒙家としての心情や、一部の国家主義者への批判にみられる姿勢は、河上の国家主義思想批判と通じ合う側面をもっていたといえる。だから二人は図書館の館長室で熱心に話し合ったのである。伊波にとってその体験はまさに貴重なものであったわけだ。河上が追われるように京都に帰ってから、伊波は河上自身から送られてきたいくつかの著作を読んでいる。そして『古琉球の政治』（一九二二年）には、河上の歴史把握の方法の影響が若干うかがえるし、それにその書物自体は河上肇に献げられたものなのである。

「沖縄学の古典」と称され、また伊波の学問の上での一里塚としての性格を集約する沖縄の名著『古琉球』は、明治四四年末に発刊されたが、それには二人の学問的求道者の交流を記念する河上肇の跋文《ばつぶん》が刻印されている。「余、今歳の春……調査のため琉球に遊びはじめて君の知を辱《かたじけの》うす。とどまる数日、日として会わざることなく、会うて肝胆を吐露し以て君が志を悲しめり……公刊に当たり君嘱するに余が琉球観を以て之に序せんことを以てせらる。これ、余の大いに栄とする所なり」（傍点引用者）。『古琉球』は、それまでの伊波の学問研究の成果を世に問うものであった。また学問的成果と同時に、その書物の中には伊波の「沖縄学」を支える「志」が注入されている。そしてさらにその書物こそは、北の日本本土で台頭しつつあった「日本民俗学の父」柳田国男と、詩人的学者折口信夫という二人の巨星を沖縄に導く名誉ある道案内人ともなったのである。

❖日琉同祖論

明治四四年が伊波の「沖縄学」の一里塚であるということは、その学問的内容の面からも強調される必要がある。それはその年にあいついで発表された三冊の書物を検討することによって理解されるが、ここでは主として「日琉同祖論」について触れておこう。

京都の三高から東京帝国大学の時代にかけて、伊波は日琉同祖論（日琉文化同系論）を近代的な学問の上から確信しつつあった。その見解はいくつかの小論文として新聞や雑誌などに発表されている。明治四四年三月に出版された『琉球人種論』は伊波の処女作であると同時に、かれの日琉同祖論を初めて体系的に取り扱ったものでもある。その意味で、伊波の「沖縄学」を語る場合に『琉球人種論』の占める位置は大きいといわねばならない（『琉球人種論』は「琉球人の祖先に就いて」と改題されて『古琉球』に収録された）。

伊波はまず日琉同祖論の系譜をたどる作業からはじめている。かれによれば、日琉同祖論の最初の主張者は向象賢《しょうしょうけん》（羽地朝秀・一六一七〜一六七五）であった。向象賢は一七世紀後半に活躍した琉球王国の有力な政治家（国王の摂政《せっせい》）であり、「琉球の偉人」として伊波がたたえた人物である。薩摩藩の支配下におかれていた当時の琉球王国にあって、向象賢は現実的な文化政策を必要としていた。つまり「上級」支配者としての薩摩藩と、「下級」支配者としての琉球王国貴族層との思想的調和をはかり、支配の矛盾を隠蔽する必要があった。『仕置』（一六七三年）という政治方針を示した文書の中で、向象賢は言語の相似などを指摘しながら、琉球の「人」はもちろんのこと「五穀」にいたるまで、もとをただせば日本から渡来したのだとのべて

『琉球人種論』（京都大学蔵）

いる。日本的教養の奨励とともに、この「同族」意識のイデオロギー的強調の政治的意図は、薩摩藩の琉球支配を、琉球の支配者の立場から承認し、その正当性を文化的・歴史的に確認するという色彩をおびていたといわねばならない。

日琉同祖論はその後、明治維新直後の激動的な情勢の下で琉球王国の三司官《さんしかん》という要職にあった宜湾朝保《ぎわんちょうほ》（向有恒・一八二三〜一八七六）によっても強調された。宜湾朝保は「不幸な政治家」であり、その生涯と思想は「琉球の偉人」と呼ぶにふさわしいと伊波はのべているが、宜湾朝保の日琉同祖論は向象賢に比してより詳細に展開されている。日本文芸に造詣《ぞうけい》の深いかれは古代日本語と琉球語の比較により両言語の相似を示し、それを日琉同祖論の不動の根拠とした。たとえば、琉球語の「いめ」（夢）が『古事記』の「伊米《いめ》」（「夢」）に対応するというふうに。そうしたかなり実証的な宜湾朝保の日琉同祖論が、かれの政治的に「不幸な」生涯と重なる時に、われわれは深く考えこまざるをえないのである。「親日派」であったかれは、明治政府の対琉球政策（琉球処分の前段階）にゆさぶられる琉球の支配者たちの混乱と私闘の渦中でさみしく病死するのである。

こうして考えてみると、われわれは日琉同祖論が二重の性格をもっていることに気づかざるをえない。まず何よりもそれは客観的な事実の問題である。沖縄人が日本人の一分枝であり、沖縄文化が日本文化と本質的に同一であるという客観的な性格の問題なのである。だが日琉同祖論の系譜がおのずから示すように、それはもうひとつの顔をもっていた。向象賢が薩摩藩支配下の琉球王国で、琉球の支配者の立場から思想的同化政策の一環として日琉同祖論を唱えたように、また宜湾朝保が、「琉球処分」直前の明治政権の対琉球政策によって混乱・動揺する琉球王国支配層の一人として、日琉同祖論を己が信条としたように、それは一定の思想としての性格をもっていた。しかもその思想的性格という顔は、沖縄の内部から日本に向けられたところの支配者たちの顔であったわけである。

日本に近代科学としての言語学を導入したイギリスのバジル＝ホール＝チェンバレンは、いわば日琉同祖論の客観性を学問の上で証明しようとした最初の人物である。かれの祖父B・チェンバレンは、イギリス海軍の軍人でライラ号の艦長として探検航海の中途、一八一六年に琉球を訪れたことがある。その『朝鮮の西海岸及び大琉球島探険記』（一八一八年）は有名であるが、孫のチェンバレンはこの祖父をたいへん尊敬していた。かれは一八七三年（明治六）に産声《うぶごえ》をあげたばかりの近代日本にきて、一九一一年（明治四四）―伊波の「沖縄学」の一里塚の年―に日本を去るまでの間、言語学という新しい学問を紹介したり、日本文化・日本語およびアイヌ語の研究に貴重な足跡を残した。

とくにかれは敬愛する祖父がかつて訪問し、島民から歓待されたあの日本の極南「大琉球」を訪れたいと願っていた。そして明治二六年（一八九三）にかれはとうとう沖縄にやってきた。

かれの科学的識眼はすぐさま琉球語や沖縄文化をとらえたが、その成果はその年から明治三〇年までの数年間に、約六篇の論文としてあいついで英文で発表された。とくに明治二八年に発表された「琉球語の文法および語彙に関する試論」という三〇〇ページに近い大論文は、かれの琉球語研究、ひいては日本語研究の一大結晶である。その中でチェンバレンは、多方面から琉球語（文化）と日本語（文化）を比較し、その本質的な同質性を強調した。かれによれば、琉球語と日本語は共通の「祖語」から分岐してそれぞれ変化したものだという。そのことは「琉球人」と日本人の人種的および文化的同一性を集約的に示す事実であるということに㊟なる。

伊波が、このチェンバレンの弟子たちの創設した東京帝大の言語学科に学んだことは、前にみたとおりである。在学中、明治三七年（一九〇四）の夏季休暇で帰省した時、かれは人類学者鳥居竜蔵の沖縄調査旅行の手助けをして各地を歩いた。鳥居はその時に世話になったお礼として、チェンバレンのあの長い英語論文を伊波に与えたのであった。それにしても、なんと象徴的な一ページなのであろうか。われわれが伊波の学問上の一里塚とした年の最初の著作、すなわち伊波自身の日琉同祖論を体系的に展開した処女作『琉球人種論』は、坪井正五郎とともにこの鳥居竜蔵に献げられているのである。その鳥居が伊波にチェンバレンを与えていたとは……。日琉同祖論の見逃すことのできない貴重なエピソードである。

伊波はここで総括しなければならない。二つの顔をもつ日琉同祖論を、新しい、かれが学んだ学問の上で。そして、近代沖縄の自己認識の第一歩として。それは、かれが決して回避することを許されない課題なのであった。その課題に答えぬかぎり、かれの学問は新しい力を獲得できないのだ。明治四四年、『琉球人種論』から『古琉球』の年は、伊波がその課題に答えた年であったのである。つまり、かれの学問のために、そして沖縄のために。同じ年、チェンバレンは軍国主義日本に、暗い批判をいだきながら遠くジュネーブに去った。

(注)「ジュネーブの冬は寂しかった」という序文にはじまる柳田国男の名著『海南小記』は、周知のように柳田の沖縄への関心を具体化した初期の産物であるが、またこの書物はかれがチェンバレンと内面的に交流したことを示すものでもある。『海南小記』の旅を終えてかれはジュネーブに行った。そしてジュネーブにいて、はるか沖縄のことをなつかしく思った。このジュネーブには、「自分以外にただ一人だけ、沖縄と云ふ島を知って居る人が、同じこの都のしかも同じ丘に、わづか五六町を隔てて住んで居るのだが、それを知りながらも訪ねて話をすることの出来ぬのが、ことに堪へがたい旅人の無聊《むりょう》であった」とかれは記している。ジュネーブにいて、沖縄を知っている人とは、すなわち「日本では誰知らぬ者も無いチェンバレン教授である」。チェンバレンはこの時、重い病の床についていたのである。あせる心を抑えて柳田は、『海南小記』をもって「日本の久しい友、ベシル=ホール=チェンバレン先生の、生御魂に供養し奉」ったのであった。

❖アマミキヨ渡来説

伊波は日琉同祖論の系譜を整理した上で、いよいよかれの日琉同祖論を語りはじめる。向象賢・宜湾朝保およびチェンバレンが指摘したように、琉球語と日本語の親縁（系統）関係は疑う余地のないものであり、いわば兄弟のような間柄にあると伊波は確信した。これからのちの伊波の言語学的研究は、この確信をより客観的に深化・発展させる方向でおこなわれたといえる。だが、言語の系統関係からただちに人種的および文化的一致を結論することはできない。なぜならば、異なった民族の間で共通の言語を話す場合も世界にはその例が多いからである。そこで、日琉同祖論がより高い客観性を得るためには他の証明方法が必要になる。

そこでまず伊波は、かれが『琉球人種論』を書く時期頃までに収集した民俗に関する知識を動員した。この段階までのかれの民俗研究はまだ十分に体系だったものではなかったが、しかし、かれには次のような確信があった。沖縄の民俗文化を観察すると、それが古代日本の民俗の姿を多くとどめていると思われること、それはあたかも日本の「天然の古物博物館」ともいえる様相を呈している。つまり沖縄は、「天然が時間を場所に現して吾人に与へた恩恵の一例である」――というわけである。その確信を民俗研究の視点にすえてみると、沖縄の民俗文化は、日本本土ではすでに消滅してしまったか、あるいは一部で残存しているにすぎない古代日本の民俗文化ときわめて高い類似性を示すものであることがわかる。ここに、伊波がかれの学問体系の中において重要な地位を与えた民俗学の方法論的視点が明確に措定《そてい》されることになる。その視点は、柳田や折口らとの親密な交流でますますとぎすまされていき、伊波の「沖縄学」の学問的性格を規定するわけである。

アマミキョが上陸したといわれる神話の島＝久高島でおこなわれるイザイホー（『沖縄文化史辞典』より）

言語や民俗における「日琉」の基本的一致という伊波の議論は、沖縄の古代歌謡オモロにつき進んでいく。オモロとは、一六世紀から一七世紀にかけて前後三回にわたり首里王府によって編集された全二二巻におよぶ古謡集であるが、その歌謡の内容が示す時代はだいたい一二世紀〜一七世紀だといわれている。沖縄の古代社会史や言語の研究にとって貴重な資料である。このオモロを、伊波は『万葉集』と同じ性格のものであるという。つまり、オモロは「琉球の万葉集ともいふ可きものである」わけだ。「同祖」をもつ「日琉」の古代人たちは、その「精神生活」によって同性格の文学作品をうみ出したのだ—と伊波は考えたのである。

こうして伊波は、人類学者の人種的比較研究の成果をも参考にしながら、今や沖縄人とその文化が本質的に日本民族およびその文化に属することを確信して疑わなかった。そしてかれの関心は次に、沖縄人の「祖先がどうして琉球群島に移住するやうになったか」という、沖縄人起源の問題に向けられるようになった。

沖縄の神話やオモロの中に、「アマミキョ」と呼ばれる神が登場する。この神の名は一般の民俗伝承にも散見されるが、ようするにアマミキョという祖神が沖縄の島々にやってきて沖縄人の祖先になったというものである。伊波はこの神話・伝説をなんらかの歴史的事象の反映だと考え、アマミキョの「キョ」は「人」の意であろうと解釈した。「アマミ」という呼称は「奄美《あまみ》」や「海見《あまみ》」に通じ、その本来の意味は「海人部《あまべ》」だということになる。そうすると、アマミキョとは「海人部の人」という意味になるわけである。

伊波によれば、このアマミキョはもともと九州地方東南の地に生活していた漁撈《ぎょろう》を生業とする民族集団で、これがある日、海に浮かんで沖縄に移住したのだという。この考え方の背景には、かれの神話・民俗伝承に関する知識が横たわっていることはもちろんであるが、それよりも言語学の立場からする推測が有力な根拠になっていたと思われる。チェンバレンの成果をうけついだ伊波は、琉球語と日本語が共通の日本祖語から分離したという言語学上の成果を、神話および伝説上のアマミキョと結びつけて発想したわけである。ところが『琉球人種論』では、このアマミキョの沖縄への渡来の年代がまったくといっていいほど触れられていない。わずか二か月後に出版された『琉球史の趨勢《すうせい》』では、漠然と「紀元前」と指摘しているのみである。

思うに当時の伊波の知識では、この問題に正確な解答を与えることはできなかったのだろう。のちの『沖縄考』（一九四二年）では「日本の建国を溯《さかのぼ》ることさう遠くは」ない時期だとされており、またかれの遺著『沖縄歴史物語』（一九四七年）では「日本建国以前」などとあいまいないい方をしているにすぎない。今日の沖縄史研究の水準でも、伊波が解決しえなかった、この沖縄への人類渡来の問題は、まだ解決されていない。東京の伊波の家によく出入りして、伊波から指導をうけたといわれる言語学者服部四郎の言語年代学的研究によって、ほぼ紀元後「二～三世紀」という仮説が提出されてはいるが、これも考古学の側から一定の疑問が投げかけられているのが実情である。

ただ伊波の場合、次のことが仮説的に理解されておればよかった。すなわち、沖縄人とその文化は日本人および日本文化の一分枝であるということ、両者はある時代に分岐したものであり、その時、分岐し沖縄に渡来した日本民族の一分派をアマミキョとよう呼称の問題は別としても、右のような論理や認識のしかたは多くの人びとによって共有されていると思われる。

『琉球人種論』が発表された頃の日本の学界は、原始日本の先住民をアイヌ人だと考えるいわゆるアイヌ説が支配的であったが、伊波もその影響をうけている。『琉球人種論』の中でかれは、アマミキョ渡来以前に沖縄に住んでいた先住民はアイヌ人であるといっている。この先住民であるアイヌ人を征服する形で、アマミキョ族（天孫《てんそん》民族）は沖縄各地に分散し、それが今日の沖縄人の直接の祖先になったというわけである。だが清野《きよの》謙次《けんじ》の日本原人論によってアイヌ説が否定されることによって、アイヌ説は学界における地位を急速に失っていくが、伊波もまたアイヌ説的理解をまったく放棄せざるをえなかった。しかしかれは、それにかわる先住民論についてはほとんど沈黙している。わずかに『沖縄考』の中で、アマミキョがたどりついた沖縄は、「殆ど無人の境で、土地は水や空気の如きものであった筈」だと想像したにすぎないのである。

こんにちの沖縄の考古学は、紀元前数千年というかなり古い時代の地層から特色ある縄文土器を多量に発掘しており、伊波の沖縄人起源論に修正を迫りつつある。その文化の担当者が人種的に日本人に属するかどうかは、今のところわからないが、いずれにしても「無人の境」でなかったことはたしかである。沖縄に関する考古学的知見の不十分な時代に定式化された伊波のアマミキョ渡来説は、かれの学問的精神を批判的にうけつぐ現代沖縄の研究者たちを中心にして、今、修正（克服）もしくは発展させられつつあるといえるだろう。

海南の小王国

伊波普猷にとって日琉同祖論の客観性はかれの「沖縄学」の前提であり、研究が進めば進むほどその客観性は厳密さをましていった。それは仮説ではなく定理であり、かれの眼の構造という形で定着していた。

日琉同祖論のもつもうひとつの顔、すなわち沖縄の「思想」としての顔(性格)を、伊波がどのような形でうけ入れたか、あるいはうけ入れなかったかという問題は、ここで詳しく扱うことはできないが、ただ次の点だけは確認しておく必要がある。つまり、すぐれて学問上の問題であるはずの日琉同祖論は、現実の社会的背景と深くかかわっていたということである。さきにわれわれがみた通り、伊波の時代の日本には、沖縄に対する偏見や差別意識が重く横たわっていた。およそ日本人(日本文化)とかけはなれた宙ぶらりんなものとして沖縄人(沖縄

❖アジの登場

アマワリの居城として知られる勝連城（グシク）跡。
右上石垣が本丸で、左の内海は中城湾である。

文化）を考えることが、大多数の日本人の認識のありかただったわけである。それは近代天皇制の政治的な差別政策によって固定化、もしくはいっそう陰惨な形で高められたのである。たしかに表面的には、沖縄文化は日本文化の中できわめて個性の強いものであり、おそらく「外国文化」にみえるだろうが、その本質的な性格は日本文化なのだ、というのが伊波の不動の確信であった。伊波の日琉同祖論の現実的な意図は、そのような本土日本人の偏見や差別観を打破し、沖縄人自身の自覚を高めることにあった。

　それがかれの「沖縄学」の思想的性格であり啓蒙活動上の持論でもあったわけだ。偏見や差別は、まず真実によってねばり強く粉砕されなければならない。河上肇舌禍《ぜっか》事件にみられたような、沖縄内部から主張された国家主義的立場からではなく、それを批判もしくは相対化した立場、すなわち河上の進歩的思想とも共鳴し合える立場から伊波の「沖縄学」の一里塚が築かれていたことを、われわれはここであらためて確認しておくべきである。

　ところで、アマミキョは沖縄に渡来してどうなったのであろうか。この点に関して伊波はあまり言及してはいないが、ただかれはアマミキョの突発的な大挙渡来ということだけに問題を限らないで、その後も少数ながら継起的に人間の移住（「植民」）があっただろう、と想定していたようである。

さて、アマミキョは九州地方に居住していた頃、「既に幾分金属文化の洗礼を受けて」いたらしいのだが、かれらは沖縄に到着して以後「マキョ」と呼ばれる社会組織の下で生活したらしいと伊波は考えていた。かれはこのマキョについて、J・バッハオーフェン、L・モルガンおよびF・エンゲルスなどのいわゆる進化主義的人類学の成果に学びながら、『沖縄考』の中で自己の見解を展開している。マキョという古代琉球語は血縁を同じくする集団という意味で、「血縁団体」あるいは一般的にいえば「氏族」に相当するというのが伊波の考えである。

この氏族としてのマキョが、特定の集落に集住した場合に、その集落は「共産部落」になるわけで、伊波のいう古代沖縄人の「邑落生活《ゆうらく》」の原初的な形がここに成立するわけである。このマキョの社会は完全な意味での母権制《ぼけん》社会ではないが、おそらく「母権時代を去ること遠からざる」段階であったようである。この論理からいえば、伊波のいうマキョとはつきつめて考えるならば、氏族共同体（原始共同体）なのである。伊波は、沖縄に残る古い結婚制度、あるいは地割《じわり》制と呼ばれる「土地共有の制度」の存在、また沖縄史における女性の宗教的地位の優越性などを考えるたびに、はるか古い時代には母権制社会に近い一種の「共産主義」の時代があったのではないかと考えたのである。その想定が進化主義的人類学の理論に触れると、たちまち問題ははっきりした形をとるようになる。それがマキョ社会という歴史像なのであった。アマミキョやその子孫たちはそうした段階の社会生活から沖縄史を切りひらいたのであった。伊波はそのマキョ論をさらに発展させるために『琉球祭祀の史的考察』という著作を計画していたらしいが、とうとうその仕事を生前に果たすことなく他界した。だがかれの死後二〇余年をへた一九六八年に、沖縄の老歴史家稲村賢敷《いなむらけんぷ》の『沖縄の古代部落マキョの研究』という膨大《ぼうだい》な研究成果が発表されたが、その中に伊波の視点と未完の課題はいかされたといえよう。

ところでマキョ時代の沖縄人たちの活動を示すものとして、「南島人」の大和朝廷への入貢がある。『日本書紀』などに記録されている南島人の朝貢は、ほぼ七世紀から八世紀にかけて何度かおこなわれているが、南島とは今の屋久島・種子島から琉球諸島までをさす漠然とした地域名である。伊波によれば、この時代の沖縄はまだマキョの時代であるか、さもなくばいくつかのマキョが寄り集まっている状態―マキョの連合時代―である。だから国家というべきものはまだないのであって、マキョの首長もしくはマキョ連合の首長が大和朝廷へ入貢したということになる。

これらの首長の歴史的性格を論ずる問題は研究上重大なテーマであるが、伊波の理解によれば、かれらは共同体ないし共同体連合の指導者であってまだ支配者ではない。首長を「酋長」・「村長《むらおさ》」と規定するかれの古代史像の論理でいくと、マキヨが氏族神（根神《にーがみ》）を中心に血縁的に統合されている点から考えても、首長はまだ強力な共同体規制をうけており、それ自身共同体に対して自立しえていないのである。そのような性格の共同体首長は、現在における琉球語研究の第一人者である外間守善教授のいう「アサ」（古代琉球語で親・長老の意）に相当するのかもしれない（外間『沖縄の言語史』）。故に、このマキヨおよびマキヨ連合時代の沖縄には、国家や支配者というものがまだ出現していないわけで、マキヨという氏族共同体が原始沖縄人を群小な形で血縁的に区分していたわけである。

しかし歴史の発展とともに、このようなマキヨの時代はしだいに終止符を打たれていく。この直接の歴史的契機をつくったのは、伊波によれば「北九州よりの侵入者」たちであった。「院政時代」日本（ほぼ一一～一二世紀）からやってきた「侵入者」＝「武士」（新来者《いまき》）たちは、「太平」の夢をむさぼっていたマキヨに一大ショックを与え、これを契機にして沖縄史は「飛躍」的に進歩し、やがて「政治社会」に突入する—と伊波はドラマチックにのべている。

だがこの伊波の論理には問題がある。事実的考証は今後の課題だとしても、この「新来者」説は歴史把握の欠陥を内包している。つまり、伊波はマキヨの経済状態に関する考察をまったく欠落させており、マキヨ内部の史的動因についての視点がない。自然物の採集に全面的に依拠していたのか、それとも一定程度の農業が存在したのかという考察の過程をまったくぬきにして、歴史的発展の契機をトータルに解消してしまっているわけである。ともあれ、マキョの首長たちは新しい時代への移行の中で、敵対したり協力したりしながら支配者としての性格を強め、その中から勝利したものはやがて「アジ」または「チャラ」と呼ばれ、古代沖縄の激動期の舞台に主人公として共同体成員をひきいて登場してくることになる。

❖琉球王国の形成

アジたちは「グシク」と呼ばれる城砦を築いてたがいに対立しあった。力の強いアジは弱いアジを圧倒して、敗れたアジの勢力圏を自己の支配体制に編成するという小さな英雄たちの競争時代になった。一二世紀のソントン（舜天）、一三世紀の中部地方の英祖《えいそ》という英雄たちの名前が現れてくる。かれらのような英雄たちはアジの中のアジ、すなわち「世《よ》の主《ぬし》」と呼ばれたが、その力は沖縄征服を企てたジンギスカンの末裔たちの支配する中国の帝国―元の侵略軍の二度にわたる攻撃を実力で撃退するほどの力を発揮したのである（一二九一年と一二九六年）。

こうして一四世紀初頭になると、沖縄本島には三人の世の主の対立がはっきりするようになった。「中部は中山《ちゅうざん》と称して、浦襲《うらおそい》（浦添《うらそえ》市）に都し、南部は南山《なんざん》（または山南）と称して、下島知《しもしましり》（糸満市）に都し、北部は北山《ほくざん》（山北）と称して、今帰仁《みやきぜん》（今帰仁《なきじん》村）に都した」。これがいわゆる三山分立時代―「沖縄に於ける空前絶後の内争時代」―のはじまりである。三山の

旧首里城正殿

中でもとくに中山国は他の二山をしのぎ、中山王察度《さっと》は中国の明に初めて入貢し（一三七二年）、南山・北山もやがてこれにならった。この琉球の中国への朝貢はこの時代を起点にして「琉球処分」の時期（一八七四年）までつづくわけである。

三山分立抗争時代は約一世紀ほどつづいたが、中山国の尚《しょう》巴志《はし》は一四一六年にまず北山国を倒し、つづいて一四二九年には南山国を滅ぼしてここに統一王朝をつくりあげた。一般にこの王朝を「第一尚氏王朝」と呼ぶが、伊波はまたこれを「征服国家」だととくに規定している。周知のように、第一尚氏王朝はわずか四〇年後に尚円《しょうえん》の「クーデター」（王朝の交代）で打倒されてしまうのであるが、この短命の王朝はかれらによって滅亡させられた北山・南山の「被征服者」の「処分法」（支配方法）を案出できなかった。つまり、第一尚氏王朝は征服した各地の首長の在地勢力としての実力になんらの根底的変更も加えておらず、各首長は依然として在地支配の実権を保持していたことになる。それだからこそ、ゴサマルの乱やアマワリの乱（いずれも一四五八年）という有力首長（アジ）の反乱が発生するのである。このように考えるならば、第一尚氏王朝はまだ強力な国家体系を築きえていない「征服国家」でしかない──というのが伊波の論理なのである。

このような伊波の把握方法にたつとき、われわれは第二尚氏王朝（一四七〇年成立）のとり組まねばならなかった支配上の課題を容易に発見することができる。「琉球の黄金時代」を現出させた尚真《しょうしん》（一四七七～一五二六年在位）が手がけた支配法は、まずアジの在地勢力としての実権を奪い、かれらを王朝の貴族的官僚に編成することであった。そのためにかれらを王府所在地である首里《しゅり》に集住させ、その支配地には「按司掟《あじうっち》」という役人を派遣して在地を掌握させた。また、古代的位階制度をつくり、アジたちを身分的にも編成した。「きこえ大きみ」──「大あむしられ」──「のろ」という宗教的な神女組織の編成をもおこない、そのヒエラルヒーの頂点にたつ「きこえ大きみ」を国王の監督下に組み入れて、各共同体をイデオロギー的に支配したのである。

こうして沖縄における古代専制国家はその体系をととのえたが、伊波はその国家支配の特質を「祭政一致」と規定している。この言葉はかならずしも正確とはいえないが、伊波の強調したいのはこの国家支配における宗教的（イデオロギー的）支配の重要な役割という点である。

イデオロギー的支配をぬきに、根神《にーがみ》信仰を中軸に結合している沖縄の古代共同体を掌握することはできなかった。

それだけではない。神女組織のヒエラルヒーは民衆からの租税収奪のための「搾取の機関」でもあったのだと伊波は強調している。

尚真は、いまだマキョもしくはマキョ連合の段階にあった八重山を征服しようとして兵を送り、その前に立ちはだかるアカハチの乱（一五〇〇年）をつぶし、先島地方全体を手中にした。また「中山王国」（第二尚氏王朝の支配する琉球の公式名称）の王府のある首里と、その重要な交易港である那覇に大規模な土木工事をほどこしたりして、古代国家の基礎をかためたのであった。

ところで伊波の古代史論にはときどきハッとさせられることがある。たしかに、かれには社会経済史的な分析方法はなかったが、それでも、きわめて動態的な論理を提起することができたのであり、かれの古代史像は有機的で発展史的な量感にあふれている。それは、多いとはいえない史料的知見を正確に構成し、それを土台にして生き生きとした仮説を組み立てる、伊波の直感力のするどさと無関係ではない。たとえば、伊波はアマワリを「沖縄最後の古英雄」だと規定し、アマワリに対する通俗的な偏見を批判して、その人物像を生き生きとえがいてみせた。それはたんに、ひとりの英雄物語としてではなく、古代社会の展開と結合させて論じられており、沖縄古代社会発展史の文脈にそった、人格的表現として措定されている、と理解していいだろう。その点で「阿麻和利《あまわり》考」というかれの大学時代の論文は、いろいろな示唆や視点をふくむ興味ある論文である。

話はかわるのだが、大学時代に伊波は、奄美地方の出身でロシア文学者の昇曙夢《のぼりしょむ》と知り合っている。そのとき、この二人の「南島人」は、ともに南島＝沖縄研究の意義を確認し、おたがいの心の底をひらいて語り合ったのであろう。大島地方は、尚真から尚清の時代にかけて中山王府の勢力下に組み入れられたが、やがて島津侵入によって、薩摩の直轄支配地域に編入され、沖縄から分割されはしたが、あくまでも広い意味での「沖縄」であり、「大島出身者」は「沖縄人」である—と伊波は考えていた。だから、伊波の「沖縄学」は自明のこととして、大島地方もその射程においている。一九一八年（大正七）一月、伊波は奄美大島教育会の招きで、同地方を訪れ「南島史」などの講演をしているが、その内容は大島の人びとにも共感をもって迎えられたらしい。「この時私は、三百年間の政治も政策も私達の精神的連鎖を断ち切る事が出来なかったのを見て、愉快に感じました」と伊波は感想をのべている。

大島地方の歴史は沖縄史の有機的な一部であろう。ところが、沖縄と大島の分割の歴史は、逆に現代のわれわれの認識そのものを規定してしまった。大島地方ぬきに、沖縄史や沖縄文化が語られることはこんにちの「常識」になってしまったようである。だが、伊波はそのような

「常識」とは無縁であったと思われる。沖縄とオモロや民俗・歴史を共有する大島地方は、沖縄に打ちよせる苛酷な歴史のもう一人の表現者である―という認識について、伊波はすでに、われわれの学ぶべきものをもっていたといえるであろう。

同様の観点は、先島《さきしま》地方の歴史や文化に対する伊波の理解についてもあてはまる。いわゆる「差別の重層構造」―差別者と被差別者との悪しき連鎖から、伊波は比較的自由であった。「先島の人を軽蔑しつつある沖縄本島の人は、先島がかつて恩納ナビーよりもヨシヤーよりも一人《ひとしお》偉い女詩人を産出したといふことを知らねばならぬ」(『古琉球』)というたぐいの警句をたびたび伊波は発している。

伊波は、首里＝中央中心の眼で、歴史や文化を論じはしなかった。文化的・地域的偏見から自由で、包括的な想像力・認識力をもたないかぎり、あるいは探究しないかぎり、伊波の古代史論のダイナミズムは生産されることはなかったはずである。われわれはこの点を、ここでまず確認しておく必要がある。

❖琉球の春―外国貿易

ところで、沖縄古代国家の経済的な基盤はなんであったろうか。いうまでもなく、その第一は王国下の一般民衆からの租税や賦役《ふえき》という形での収奪であった。しかし、それと同じように

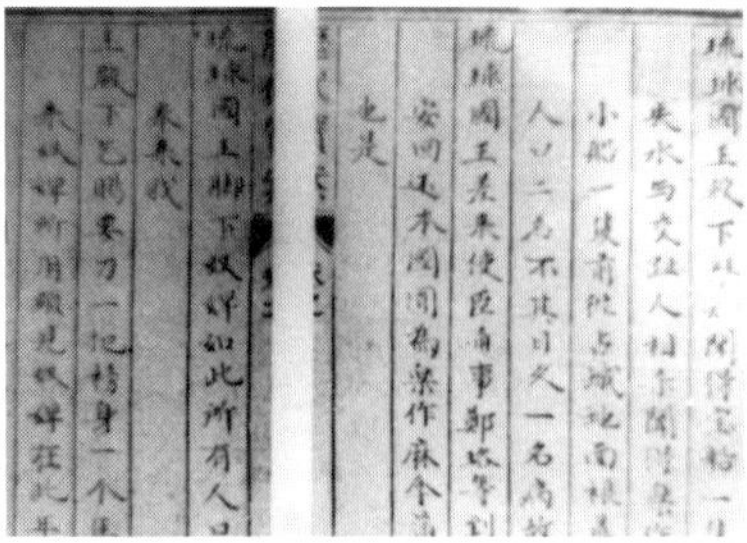

琉球王国の外国貿易史料として貴重な「歴代宝案」の一部（東恩納文庫蔵）

重要であったのは外国貿易による利益である。海上の小王国としての琉球はその地理的位置からして、中継貿易の恰好の地の利を得ていた。折しも、中国明《みん》王朝は朝貢貿易をのぞいて「海禁政策」という鎖国のような対外方針をとっていたために、アジアの諸国は密貿易や中継貿易という形をとらざるをえなかった。そこで北の日本・朝鮮、西の中国、南の南海諸国を結ぶ三角形上の最適の位置にある琉球は、アジアの各地に商船を派遣して莫大な利益を手中にすることができた。

とくに一五世紀にはいると、琉球商船はマラッカ・ジャワ・スマトラ・シャム・安南にまで進出して、南海産の物資を多くもち帰り、それを朝鮮・日本・中国などに売りこみ、またそこでその地の物資を買って、逆に南海諸国に高い値段で売りこんだ。那覇は東アジア世界で最も活況を呈する国際交易都市となった。また当時の日本の代表的交易港であった堺や博多にも、琉球商船がひっきりなしにやってきて活況を呈したといわれている。明王朝に対する周辺諸国の朝貢回数において、琉球が一七一回で断然トップであることをみても、琉球の輝かしい繁栄が想像できるであろう（安南八九回・ジャワ三七回・朝鮮三〇回・日本一九回）。

琉球がこのように、これまでにない春を楽しむことができたのは明の海禁政策に示されるような、当時の東アジア世界の歴史的情勢が琉球に有利であったこと、また琉球の地理的位置が有利であったことなどはもちろんであるが、それに加えて、国内がバラバラでなくまとまった統一国家を築いていたからだということを見逃してはならない。それに、荒海を航行する力量や、そのために必要な科学的知識や技術を所有していたということも重要な点である。そこで当時の沖縄人たちは、自己の活動的な海洋民族の精神を永遠に記念するために、次のような文句を首里城正殿の鐘に刻んだ。「琉球国ハ南海ノ勝地ニシテ、三韓ノ秀ヲ鍾《あつ》メ、大明《たいみん》ヲ以テ輔《ほ》車《しゃ》トナシ、日域ヲ以テ脣歯《しんし》トナス、此ノ二ノ中間ニ在リテ湧出スル所ノ蓬莱《ほうらい》島ナリ、舟楫《しゅうしゅう》ヲ以テ万国ノ津梁《しんりょう》トナシ、異産至宝ハ十方刹《さつ》ニ充満セリ」（一四五八年）。なんと輝かしい、自信にみちた記録なのであろうか。

伊波にとってこの時代は、「琉球人が自らを決定できる」時代、すなわち他の勢力から圧迫されない主体的沖縄の時代であった。沖縄人は海のロマンに生きる海洋民族として、雄大なる思想をあたためたのであった。

　　ゑ、け、あがる三日月や
　　ゑ、け、かみぎや　かなまゆみ
又　ゑ、け、あがる　あかぼしや
又　ゑ、け、かみぎや　かなままき

又　ゑ、け、あがる、ぼれぼしや
又　ゑ、け、かみが、さしくせ
又　ゑ、け、あがる、のちぐもは
又　ゑ、け、かみが、まなききおび

「たそがれの空に美しい三日月が輝き、宵の明星がくっきり浮かんでいる。やがて満天に星がちりばめられて、あかね色の雲がたなびく」—沖縄人が夏の夜の航海中、南海の空をみ上げた時の美の感動を歌ったものとされるこのオモロを、伊波は次のように「手訳」した。

あれ　天《あめ》なる三日月は
あれ　御神《みかみ》の金《かな》真《ま》弓《ゆみ》
あれ　天なる明星《あかぼし》は
あれ　御神の金鏃《かなままき》
あれ　天なる群星《むれぼし》は
あれ　御神の花櫛《はなかざし》
あれ　天なる横雲《よこぐも》は
あれ　御神の御帯《みおび》

伊波にとって、オモロは古代沖縄社会の「宝庫」を解明する「唯一の鍵」であったが、同時に古代沖縄人の輝かしい精神の息吹を感じさせる精神的交流の対話者でもあったのである。オモロに対して「溺愛」にちかい愛情をもつかれはオモロの詩人のような気持ちで、幸福の日々を回想した。そのロマンの世界は「到底梅が枝に鶯の声を聞いて喜ぶ所の詩人の想ひ及ぶ所」ではなく、また「年中雲霧に蔽《おお》はれがちな大和山城にゐた万葉古今の詩人」たちが「夢にだも見なかった」世界である—と伊波は心の興奮をこめてのべている。その表現の中には、沖縄の文化にかぎりない愛情をいだきつづけた伊波の、日本〔本土〕文化に対する一種の愛すべき自負心、大江健三郎の言葉でいえば「日本なにするものぞという覇気」がこめられているといえる。

だが琉球の春だとはいっても、一般の民衆生活はあいかわらずみじめであった。外国貿易の莫大な利益は民衆に還元されることはなく、国王・貴族および有力官人たちが独占していた。民衆は「搾取の機関」を通じて収奪されていたのだ。幸福の春風は支配者たちのフトコロにだけ吹いていたらしい。その春風にしても決して永遠なるものではなかった。一六世紀になるとポルトガル人が東洋に進出してきたし、また中国商人も南海貿易にくり出し、日本商人もみずから南方に船を乗り入れるようになった。こうして一六世紀中期になると、琉球の中継貿易の特権は失われ、以後はただ中国との朝貢貿易のみが交易上の利益を与えてくれる唯一の窓口であった。

春風が衰えて間もなく、今度は荒々しい北風が突如として琉球に吹きこんだ。一六〇九年（慶長一四）の薩摩藩の琉球侵略の軍団である。この事件をきっかけに琉球は冬の時代にはいった。伊波が冷たい怒りを抑えながら規定する「奴隷の境遇」時代、すなわち主体性を奪われた沖縄時代である。

島津の侵入と支配

❖「島津の琉球入り」

伊波が「組織的な倭寇《わこう》」とよぶ薩摩の侵略軍団は、樺山久高《かばやまひさたか》・平田増宗《ひらたますむね》をそれぞれ主将・副将とする総勢三〇〇〇余、船艦七〇〜八〇余隻で編成されていた。

一六〇九年（慶長一四）三月四日未明、折からの順風に乗って山川港《やまがわ》を解纜《かいらん》した薩軍は、口之永良部《くちのえらぶ》・大島《おおしま》・徳之島《とくのしま》・沖之永良部《おきのえらぶ》と道之島《みちのしま》々をつぎつぎ攻略し、三月二五日、沖縄北部の運天港《うんてん》に到着した。早くも二七日には今帰仁城《なきじん》が副将平田らの手に落ちた。

薩軍の今帰仁上陸の飛報が伝わると、首里《しゅり》王府では吟味の末、和議を請うことに決まり、使者がたてられた。王府の使者は今帰仁で主将の樺山と会見したが、樺山は「和議の件は那覇で談合する」といってとりあわなかった。薩軍は四月一日、水陸両面から首里・那覇に攻め入り、四月五日、首里城は薩軍に接収された。薩軍の山川港解纜《かいらん》から数えてひと月、今帰仁上陸から

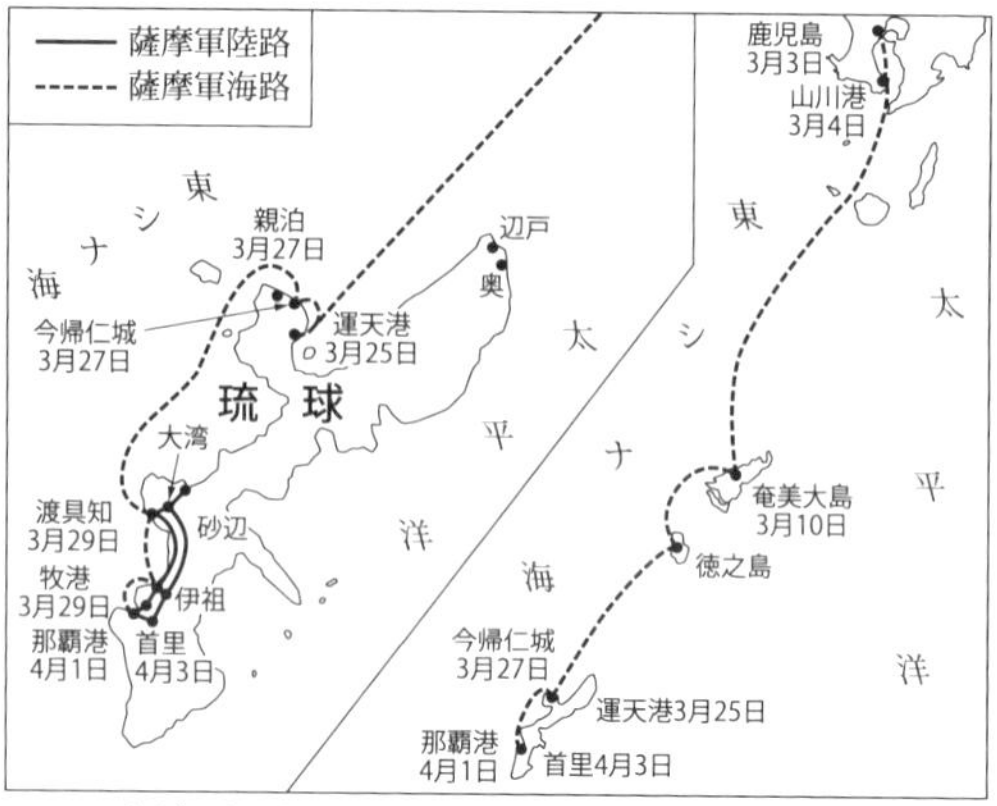

島津氏の侵入経路（『沖縄県の歴史』より）

わずか一〇日間のあっけない「戦役」の幕切れであった。

薩軍の侵入を迎えて、沖縄側にまったく武力的抵抗がなかったわけではない。たとえば『喜安《きやん》日記』には薩軍主将樺山のひきいる一隊が、首里に攻めのぼる際にでくわした平良橋《たいらばし》での戦闘のもようが、次のように記されている。

「大将（樺山）は湾（読谷《よみたん》・大湾渡口《おおわんとぐち》）より陸地を越えられ、浦添《うらそえ》の城ならびに龍福寺《りゅうふくじ》を焼き払ふ。大平《たいら》橋へ敵攻め近づくと聞こへしかば、越来親方《ごえくうえーかた》を大将にて宗徒の侍百余人発向す。案の如く橋爪へ攻め来て、雨の降る様に鉄鉋を打かくる。何れが火箭《ひや》と知らねども、城間鎖子親雲上《ぐすくまさしぺーちん》の左のそば腹にあたりて、そこにて頸《くび》取られけり。是を見て一人も残る者なく引き退き、皆城へぞ籠りける」

これは、戦闘というにはあまりにもみすぼらしいともいえよう。薩軍の火箭《ひや》（鉄砲）の前に、王府軍はまったくなすすべを知らなかったのである。

だが、ここでは伊波普猷が一九一七年（大正六）に大島の古仁屋《こにや》で発見したという七島《しちとう》の船頭・影作《かげさく》の従軍日記『中山国並大島徳之島永良部島喜界島責取日記』の中から、徳之島および沖縄に関する部分を記しておこう。伊波自身が、いささか得意げに紹介しているのだから。

徳之島の条――百姓たちは棒を「とぎらかし」て、あるものは竹の先に庖丁や山刀をくくり付けて、打ち殺せと口ぐちに叫んで突進して行き、庄内衆六、七人が討ち死にした。……庄内衆渋江《しぶえ》丹波守《たんばのかみ》が進み出て、胸板を鉄砲で打ち抜かれ、高らかに「目にもかからん棒の先よりひや（火箭）が出て、打ち倒れてしまったぞ、皆逃げよ」、といって家に走り入り、ついに死んでしまった。

沖縄の条――それから那覇に向かって打ち寄せていったが、七島のおもだった者どもを大将にして、七島の船に七島出身のものだけが乗り込んで、那覇港口突破を命ぜられた。しかるに、那覇港口は、高い石垣の所々には「大石火矢」の発射口が開けられ、海底には鉄の網が張られて、きびしく防禦態勢がしかれていた。沖縄側の大将謝名親方《じゃなうぇーかた》は三千騎を引率して右の網を持ち上げ、石火矢を打ちかけたので、ことごとく打ち破られてしまった。しかしながら、一人も怪我《けが》人はなかった。

徳之島では百姓たちが手製の武器をもって薩軍に抵抗したようだが、ここでも「棒の先から火矢が出る」武器（鉄砲）には抗すべくもなかった。沖縄の部分についても「謝名親方三千騎を引率し」など、どこまで真実を伝えているか、史料的にはかなり疑問が残る。ちなみに、此の役で薩軍の戦死者が雑兵三〇〇人にものぼっている（『鹿児島県史』では雑兵三〇〇人に「過ぎない」といっているのだが）ところからすれば、ある場所では、かなりの激戦が見られたものでもあろうか。それにしても、薩軍に従軍した七島の船頭の日記を紹介したあと、伊波が次のようなコメントを付しているところこそ伊波の意のあるところではなかっただろうか。「かうして薩軍が小銃を以て攻め寄せたのに対して、琉球側では大砲を以て応戦したので、薩軍は（那覇港から）上陸することが出来ず、北方に引き返して、運天港から侵入した、といふことが例の日記に記してある」。島津の侵入と支配が、沖縄人を「奴隷制度」のくびきにつなぎ、その容貌や心の動きまでも変えてしまった、とする伊波にしてみれば、多少割り引いて読まなければならない記事であることを十分承知しながらも、薩摩の侵略軍に抵抗した事実を紹介したついでに、ここいらでちょっぴり溜飲《りゅういん》をさげておきたかったのでもあろうか。

ところで、われわれはいささか「戦役」の現象面を追いすぎたのかもしれない。ここですこし立ち入って島津の「琉球入り」の動機や目的・背景などを検討しておこう。

伊波普猷は、「琉球処分は一種の奴隷解放なり」という論文（大正三年）のなかで、島津の「琉球征伐」の動機を次のように説明している。

「抑々《そもそも》島津氏の琉球征伐の動機は、利に敏《さと》い薩摩の政治家が、当時の日本は鎖国の時代であって、長崎以外の地では一切外国貿易が出来なかったに拘らず、琉球の地位を利用して日支貿易といふ密貿易を営まうとしたのにある。だから島津氏は折角戦争には勝ったが、琉球王国を破壊するやうなことをせず、『王国のかざり』だけは保存して置いて之を密貿易の機関に使ったのである」

島津侵入の動機に関する伊波のこの評価に対しては、仲原善忠の批判がある。仲原は伊波の評価は「事実と相違する」として、次のようにのべている。「事件当時は幕府も島津も三十年後の鎖国を予想しなかったのである。鎖国となり、長崎（対オランダ）と沖縄（対明〜清）だけが外国への窓口となったのである。琉球出兵の動機はあくまでも日本全土の統一運動であり、貿易問題は附随的なことにすぎない」。仲原はさらに、島津侵入に至るまでの背景＝薩琉関係をくわしく分析したうえで、「島津進軍の目的はきわめて大摑《づか》みに言って、（一）国内統一の徹底、（二）日明の交通の再開にあったといえるのではなかろうか」、と結論している（「島津進入の歴史的意義と評価」）。

島津の沖縄出兵は、徳川幕府の許可のもとでなされた。また、一六三九年の寛永の鎖国の完成も、仲原の指摘の通りそれから三〇年後のことである。しかも、この時期は、日本国内においては、近世封建体制の確立へと向かう変革期にあたっていた。その意味で、島津の沖縄侵入も「全国統一運動の余波」であり、その一環であったと説く仲原の指摘は、歴史的把握において、伊波のもつ狭さを克服しようとしている。とはいえ、島津の沖縄攻略の動機ないし目的を、もっぱら対中国貿易への関心だけから説明することは片手落ち、という批判は免れないにしても、それが島津氏の最大の関心事であったことも、強調されなくてはならないであろう。

伊波も初期の論文「琉球人の祖先に就いて」（明治三九年）では、「然るに豊太閤出で、海内を統一するに及んで、その朝鮮半島に用ゐた勢力の余波は、間もなく慶長十四年の琉球征伐となって現れた」と指摘し、歴史の大きなひろがりと深みから、島津の「琉球征伐」の意味をとらえようとしていた。しかし、島津侵入に関する伊波の評価は、すでに見た通り、もっぱら「貿易問題」から説かれ、また、「琉球入り」という表現を多く使うようになっている。

仲原の言葉をかりれば、伊波が情熱を傾けて著述した沖縄の歴史に関する数多くの「労作を通じて一貫している思想は、島津氏が琉球を搾取したということである」という。その指摘は正しいであろう。仲原によれば、そのような一面的（郷土的・尚家的立場）な理解を排し、「より高度の次元から事件の意義を認識し、再評価すべき」であるという。そして、島津侵入という事件が、「日本全土の統一運動」の沖縄への波及であり、「この事件を契機として琉球列島も初めて中世的・孤立的・封鎖的位置を脱却し、近世的世界へ一歩前進する」という立場をとる仲原は、表現の上でも一貫して「島津進入」という用語を使っているのである。

❖島津の沖縄支配（一）

「島津の琉球入り」（伊波普猷）とするか、「島津進入」（仲原善忠）とするかは簡単な用語の問題だけにとどまらず、事件の歴史的意義の評価にもかかわっていたのである。すくなくとも仲原は、「侵入」という表現をとらず「進入」という用語を選ぶことによって、そこに歴史的進歩の意をこめた。伊波は、「琉球入り」という言葉のほか、「琉球征伐」という表現も時々使っている。遺著となった晩年の著述『沖縄歴史物語』でも、その両者が同じ意味で併用されている。伊波が「入り」という用語を使うとき、そこには「征伐」の同義語としての「侵入」という意味をふくませているものと思われる（そのような意味をもつ用語として、本書でわれわれも、「侵入」という言葉を使っている）。

琉球国王之印（左は満州文字）

琉球攻略以後、島津はひきつづき琉球諸島の検地を実施し、石高《こくだか》と島津への貢租額を定め、さらに中国貿易を積極的におしすすめるなど、諸種の沖縄支配のための政策を実行した。これらの具体的な検討は次項にゆずるとして、ここでは、二六〇余年におよぶ島津支配によって、沖縄の社会がどのような変化ないし影響を被ったかに関する伊波普猷の評価を見ておくことにしよう。

伊波によれば、島津侵入以前の沖縄は、経済的には豊富で、政治的な自由を有し、文化的には最もよくその個性を発揮した時代であった。要するに、沖縄人は「純然たる自主の民」であった。しかるに、島津の侵入と支配を受けて以後、それらのものがことごとく失われ、「殆《ほとん》ど三百年間、奴隷の境遇に呻吟《しんぎん》」させられたという。

島津による「奴隷制度」―伊波のこの用語は、古代奴隷制社会という意味での厳密な規定をもつわけではない―は、たんに沖縄を経済的に搾取し、沖縄人の政治的自由を奪ったばかりではない。オモロに発芽しかけた「琉球文学の萌芽」を揺籃《ようらん》のうちに蹂躙《じゅうりん》し、枯死させ、音楽もその音色を悲哀をおびた陰気なものにし、はては書風をも活気を喪失させたといい、「政治といふものは人間の指の先にまで影響を及ぼすものであることを知った」と伊波は慨嘆する。要するに、伊波が否定的に評価する沖縄人のあらゆる特性＝県民性のすべては、二六〇余年間にわたる島津の沖縄支配＝「奴隷制度」のもとで馴致《じゅんち》されてきたものだといっているのである。

たとえば「空道《こうどう》」というのがある。もともと首里王府は、中国との朝貢《ちょうこう》貿易を営むにあたって、中国朝廷へ差し出す書翰《しょかん》を朝貢使節に持参させたのであるが、たまたま中国で明《みん》・清《しん》の王朝交替―易姓革命《えきせいかくめい》―の際、従前からの朝貢相手である明朝廷への書翰のほかに、清朝廷へのそれも携帯させたことがあった。そのことがあってから、沖縄側では、中国でいつなんどき王朝の交替がおこっても、臨機に対応できるように、「琉球国王之印」を押した白紙を使節に持たせたという。この白紙が「空道」とよばれるものである。伊波はこの「空道」に関して、「沖縄人は生きんが為には如何なる恥辱をも忍んだのである」といい、すぐつづけて「『食《モノ》を与《クヰ》ふる者《スド》ぞ我《ワー》が主也《オンユー》』という俚諺《りげん》もかういふ所から出たのであらう」とのべている。伊波が「沖縄人の最大欠点」としてあげている「忘恩主義」・「娼妓《しょうぎ》主義」・「御都合《ごつごう》主義」、さらにいえば、「内股膏薬《うちまたごうやく》主義」・「奴隷根性」・「意志薄弱」といった特性はいずれも「大義名分」にかかずらっては生きておれない「沖縄人の境遇」が馴致したものであって、「空道」＝「食を与ふる者ぞ我が主也」の精神を地で行くものにほかならなかった。だから、伊波の眼からは、「大隈内閣（一九一四年四月～一九一六年一〇月）の時、政友会が少数党になった際、政友会所属の沖縄県の代議士等が、電報で脱会届けを出して、即日憲政会に入党したのも、同じ民族心理の発露と見たら、別に怪しむに足らないのである」。

ここでちょっとばかり注釈を加えておかなければならない。中国における明・清興亡の際、両朝宛書翰各一通を準備して持参させるようにしたのは、ほかならぬ島津氏であった、ということである。『鹿児島県史』第二巻には、そのことが次のように記されている。「慶安四年（一六五一）九月十八日付、伊勢貞昭・北郷久加・鎌田政有は阿多忠栄宛の覚《おぼえ》に、来春の渡唐船には、明清両朝宛書翰各一通を作り片付いた方へ出すべく、未だ片付かざれば何れ共着船所勝手次第に申し通じ、後年の支障にならざる様入念に書くべしと達し、阿多より之を三司官に通達してゐる」とある。これで見ると、「空道」なるものも、あながち首里王府の独創ではなく、利にさとい島津の入れ知恵によって考案されたものであったのかもしれない。

ついでにもうひとつ付け加えておきたいことがある。伊波が「空道」に押された印として紹介している（と受けとれる）「琉球国王之印」は右半分に漢字、左半分に満州文字が彫りこまれている。もしそうであるとすれば、この印は満州王朝（清朝）にのみ通用する印であって、中国で革命がおこり清朝が倒れたら使い道のないものであり、伊波がいうように、「いざ鎌倉といふ時どちらにでも融通のきく」というしろものではない。以上の二点に即していえば、「空道」を沖縄人特有の事大主義と説き、また「どちらにでも融通のきく」という説明のしかたは誇張された誤りであり、「空道」についての従来の説は、したがって再検討されなければならない。

つぎに島津による「奴隷制度」のくびきは、歴史上の人物評価にまで影響を及ぼした、と伊波は実例をもって示す。たとえば、「忠臣」護佐丸《ごさまる》だ。「彼は毫《ごう》も儒教の影響などを受けたことのない、潑溂《はつらつ》たる野性の南島人であった」。ならば、「阿麻和利《あまわり》の率ゐる官軍に征伐されて、一矢も放たないで、自殺する筈があるだらうか」。このような護佐丸像をつくりあげた『毛氏《もうし》先祖由来記』の記事は、儒教的に潤色された「真つ赤な嘘だ」と伊波は断ずる。伊波は『異本毛氏由来記』その他の史料によりながら、護佐丸が「王師の征討を受けた時、一戦を試みて討ち死にしてゐる」ことを実証する。かつ、首里王府の「正史」である『中山《ちゅうざん》世鑑《せかん》』（向象賢《しょうしょうけん》著）に、「護佐丸の事件について、一言半句も費やしてゐない」ことの意味も、それでよくわかるとものべている。なぜなら、「王師」に矢を放った「逆臣」を王府の「正史」に載せるわけにはゆかないからだ。伊波はつづけて次のように結論づけている。「(後世の護佐丸は)王師に対して敢えて一矢も放たないで、自殺した従順な奴隷―忠臣―となって現れて来た。これは当時の政治家が自分等の主義政策に合ふやうに、事実を作りかへて、国民道徳の材料に利用したもので、かうして、例の護佐丸伝説は沖縄の津々浦々に伝播されたのである」と(『琉球古今記』)。同じ意味において伊波は阿麻和利「逆臣」説を批判した(『古琉球』)。なお、伊波の「阿麻和利考」については、新里恵二編『沖縄文化論叢』第一巻歴史編解説を参照)。

　歴史上の人物評価に関していえば、島津への忠誠を拒んで鹿児島で斬《き》られたと伝えられる謝《じゃ》名《な》親方《うえーかた》鄭迵《ていどう》(利山)について伊波は次のようにのべている。「明《みん》の国子監《こくしかん》出身の謝名親方鄭迵といふ大臣は、自由の無い所で生存するのは恥辱であるといってあの誓文に調印するのを拒んで、鹿児島で殺された。……そして奴隷になるまいと力んで殺された愛国者を罵《のの》り、彼の名を脚本などで悪者にして、島津氏の歓心を買はうとするまでに、その民族性が変わって来た」(『琉球古今記』)。

　奴隷の奴隷たるゆえんは、みずからを奴隷であることを自覚しないところにある、という。伊波が、島津の侵入と支配を「奴隷制度」とよぶ時、一方では島津の政治的・思想的抑圧および経済的搾取への呪詛《じゅそ》がこめられているとともに、他方では、みずからを「奴隷の境遇」にいることを自覚しないまま、この小さな天地で、「奴隷的平和」に酔生夢死《すいせいむし》してきた沖縄の為政者に対する絶望と憤りと悲痛な批判とが伊波の胸中にうずいていたものと考えられる。なぜなら、二六〇余年間の長期にわたる島津支配のもとで、徐々に馴致された沖縄人の「心的傷害」は、伊波のいう「奴隷解放」＝琉球処分（廃藩置県）後においてもなんら癒《いや》されることなく近代に持ちこされていたから。

❖島津の沖縄支配㈡

われわれがすでに見てきたところであるが伊波がマキョ時代の経済状態に関する考察をまったく欠落させていたと同じように、ここでも島津支配下二六〇余年におよぶ沖縄の経済状態についての分析を、伊波は徹底的にネグレクトしている。仲原善忠の指摘をまつまでもなく、この時期を叙述する伊波の発想の根底には、「島津氏が琉球を搾取した」という認識が、一貫して流れていた。それではどのように搾取したのか。これについて伊波は科学的な分析を加えようとはしていない。科学的にものごとを見ようと志すわれわれは、伊波と同じようにこの問題を素通りしてしまうわけにはゆかない。すこし立ち入って検討を加えることにしよう。

一六〇九年（慶長一四）琉球を征服した島津は、国王（尚寧《しょうねい》）以下王府首脳部を捕虜《ほりょ》として鹿児島へ連行する一方、琉球諸島全域にわたる検地を実施した。検地はかの太閤《たいこう》検地の方式でおこなわれた。検地の結果、琉球諸島の石高《こくだか》（生産高）が八万九〇八六石と確定され、島津への年々の貢租額がきめられた。琉球諸島の石高と島津への貢租額については、とくにつぎの諸点を指摘しておこう。

第一、石高は籾《もみ》高で表示されたこと。琉球諸島の石高は慶長検地の結果、前記のように八万九〇八六石と定められたが、以後三回にわたって石高の変更がなされ、最終的には一七二七年（享保一二）に確定した九万四二三〇石余が廃藩置県に至るまで琉球王国の公式の石高＝生産高とされた。この石高は籾一石五升をもって高一石としたものであったから、実際には籾高九万八九四六石余となり、それを米額になおす（籾殻をとり去る）と半分の四万九四七〇石余、これが米計算で当時公認された琉球諸島の生産高である。

第二、この石高に対する島津への年々の貢租額は、米にして約一万四〇〇〇余石で、琉球諸島の全生産額のほぼ三〇パーセントに相当したこと。島津への年々の貢租の内容は、本出米《ほんでまい》・賦米《ふまい》・牛馬《ぎゅうば》銀代米《ぎんだいまい》・荒欠地《こうけんち》出米《でまい》・在番《ざいばん》出米《でまい》・浮得《うきとく》出米《でまい》の六つからなり、それぞれ一定の率で徴収され、それに鹿児島までの運賃（これを三分八《さぶはち》運賃とよび、貢租額のほぼ三割八分に相当）も沖縄側が負担した。これらの合計が米にして前記の一万四〇〇〇余石である。年々これだけの米が沖縄から持ち出されたわけで、逆に鹿児島から米を逆輸入して食糧を補わなければならない状態であった。

第三、農民の貢租負担率からいえば、ほぼ五公五民に相当したこと。「五公」の部分はその半分が首里王府（および地頭《じとう》層）の取り分、他の半分が島津の取り分という勘定である。五公五民という貢租負担率は、近世封建社会（徳川時代）においては本土各藩でも一般的に見られたものであり、沖縄も薩摩藩内と同率であって、とくに沖縄の農民だけが「搾取」されたわけではない、と説く人もある。たしかに「率」においてはその通りであったのかもしれない。だが、問題は五公五民という負担率にあるというよりも、その実額にあるのだ。一個のリンゴの半分とスイカの半分とでは、「率」において同じく半分ではあっても、その大きさがちがう。本土各藩にくらべて一段と土地生産力が低いうえに、毎年のように襲いかかる台風などの災害といった沖縄の生産諸条件をも考慮に入れなければならないであろう。

第四に、農民が負担する租税の一部は、王府の一方的な換算法にもとづいて砂糖や反布《たんぷ》で換納されたこと。首里王府は一六四七年（正保四）に砂糖を王府の専売制のもとにおき、米・雑《ざっ》石《こく》など租税の一部を砂糖で換納させ、それを鹿児島の琉球館《りゅうきゅうかん》（王府の出先機関）を通して売り払い、多大の利益をえた。一八三一年（天保二）以後は、沖縄から島津に対する貢租米二八〇〇石の代わりに砂糖七五万斤で上納することとなった。これが島津への「貢糖《こうとう》」のはじまりである（一八六五年以後は貢米三六八〇石の代わりに砂糖九七万斤を納めることとなり、一九〇三年の「土地整理《とちせいり》」の時点まで存続した）。また、両先島《さきしま》（宮古《みやこ》・八重山《やえやま》）および離島《りとう》の久米島《くめじま》の場合は

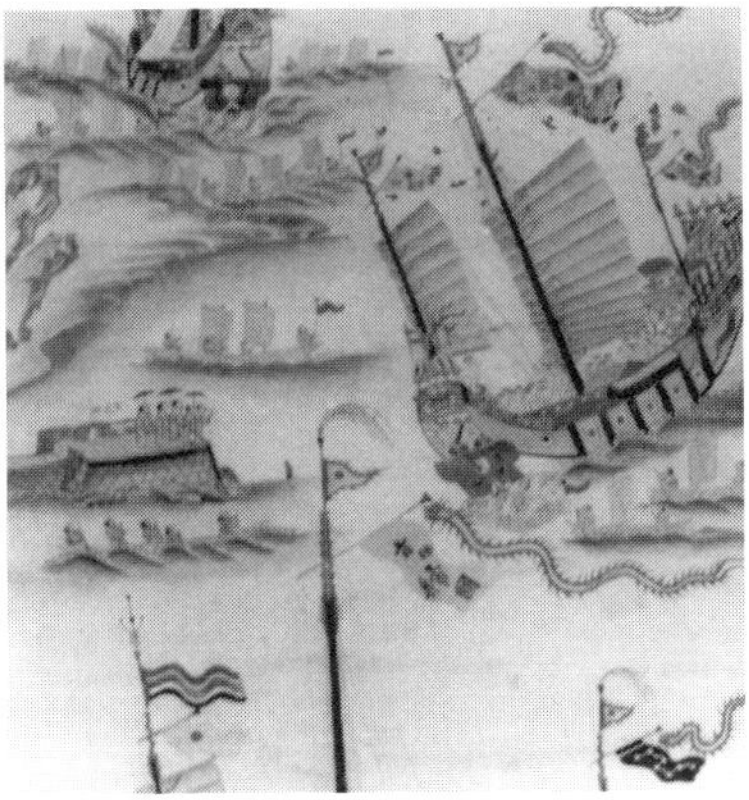
進貢船図（東恩納文庫蔵）

租税の一部を反布で換納した。とくに両先島では一五歳から五〇歳までの農民男女が人頭割りに租税を課された。これが「人頭税《にんとう》」とよばれるものである。両先島の「人頭税」がいつごろいかなる事情ではじまったか、さだかではないが、これまた「土地整理」＝地租改正の時点まで存続させられた。この苛酷な租税法は先島の農民を極度に苦しめ、一八九三年（明治二六）に宮古島農民の代表が「人頭税」廃止を要求して議会請願をおこなったことはよく知られている。

以上に列記したことを総合すると、伊波が「島津氏が琉球を搾取した」と憤りをこめて告発しているのもあながち見当ちがいではなかった。むろん伊波は、島津の「搾取」のみを一方的に強調するだけであり、結果において沖縄内の支配階級（首里王府）の「搾取」に口をつぐみ、免罪するハメにおちいったともいえよう。

ところで、島津は沖縄から年々一万数千石にのぼる米を収奪していったばかりではない。島津は首里王府の中国との朝貢貿易のルートにわりこみ、利用して貿易の利をも奪った。「島津の琉球入り」の動機・目的も、中国貿易に乗り出すことにあった、と伊波も指摘した通り、島津は琉球征服後、ただちにそのための手はずをととのえたのであった。

すなわち、一六〇九年（慶長一四）九月、島津は鹿児島へ連行した王府首脳に命じ、旧来通り中国との貿易を続行すべく、具志上王子《ぐしかみ》（尚宏《しょうこう》）・池城親方《いけぐすくうえーかた》（安頼）の両人を急ぎ沖縄へ帰し、その準備にあたらせた。また、一六一一年（慶長一六）九月、沖縄統治の大綱を定めた「掟《おきて》十五か条」の中にも「薩摩の命令以外の品物を中国に注文してはならない」など、中国貿易の監督・統制に関する規定がおりこまれた。さらに一六三一年（寛永八）には、琉明貿易の拡張・監督のために那覇に在番奉行《ざいばんぶぎょう》をおき、貿易資銀（渡唐銀《とうぎん》）を増額し、貢期の短縮（二年一貢）および遣船増加を命ずるなど、積極的に中国貿易をおしすすめようとはかった（小葉田淳『近世初期の琉明関係』）。

寛永以後、沖縄の中国貿易は、いわば島津が徳川幕府の鎖国政策（＝長崎における外国貿易の独占）に対抗し、挑戦する形で、島津の強力な監督と統制のもとで進められることとなった。むろんその利益の大半は島津のフトコロにはいった。伊波の言葉をかりれば、首里王府は島津の「密貿易の機関」となり、「長良川の鵜」よろしく、せっかくくわえた魚を、飼い主の前に吐き出さなければならない哀れな存在になりはてたのである。

このように、沖縄を介しての中国貿易に最大の関心をもつ島津は、もしも沖縄支配の事実が中国側にばれてそのことが貿易を継続するうえで障害になりはしないかをおそれ、細心の注意を払った。たとえば、伊波が好んで引用し、紹介するところだが、中国から冊封使《さくほうし》一行（が乗ってくる船を冠船《かんせん》という）が那覇港にはいると、在番奉行をはじめ薩摩の役人たちは、一行が帰国するまで田舎へ身をかくし、その間、日本語や日本銭の使用を禁じ、風俗まで「やまとめく」ことを禁じた。「フンドシ」は「東夷《とうい》」（日本）の風俗だから、見とがめられないように、といったぐあいである。むろん、中国では沖縄が島津に服属していることをとっくに承知なのであった。

他方、島津は徳川将軍の代替《だいが》わりのときには慶賀使《けいがし》を、琉球国王の即位のときには謝恩使を、それぞれくり出させ、その際には、琉使一行をわざと「からふう」（中国風）に装わせ、江戸までの沿道諸藩へはもちろん、徳川将軍に対しても、その異風さを売りものにしたものである。

伊波は、「両属」政策のもとで主体性を奪われ「宙ぶらりん」にされた沖縄人へのこみあげてくる憐憫《れんびん》の情をおさえつつ、次のようにのべている。「島津氏の琉球に対する態度は、支那思想にかぶれて、『御国元《おくにもと》』（薩摩）に疎遠《そえん》なる者がゐたら、さうかけ離れてはいけないといって警戒を与へ、日本思想にかぶれて『御国元』の人を気取る者が出たら、余り接近し過ぎても困るといって注意を与へるといふ風であった。手短に言へば、島津氏は琉球人がいつもちゅういいぶらりんで頗《すこぶ》る曖昧《あいまい》な人民であることを望んだ。これその密貿易の為に都合がよかったからである。実に島津氏は琉球の人民よりもヨリ多く琉球の土地を愛した。これやがて殖民政策である、奴隷制度である」と。

向象賢と蔡温

❖向象賢

島津の侵入と支配を「奴隷制度」のはじまりと見る伊波は、その「奴隷制度」の中で生きる沖縄人の思想と行動をどのように見たのであろうか。そこでの伊波の眼は、たちまち現実主義に眩惑《げんわく》されたかのように王府支配者の中から、この重苦しい境地から同胞を救出してくれる「偉人」を発見しようとするのである。

このような「偉人」として伊波が選び出す人物が向象賢《しょうしょうけん》であり、蔡温《さいおん》であり、また宜湾朝保《ぎわんちょうほ》であった。伊波はかれら三人を「琉球の代表的政治家」といい、「偉人」といって称揚してやまない。伊波にとって、なぜかれらが「偉人」であったのか。その前に伊波の「偉人」観を聞こう。

「偉人とは何であるか……私達が忘れてはならぬことは、その偉人が社会に大なる勢力を有することが出来たのは、社会が偉人に共鳴したからである、といふ一事である」と前置きしつつ、次のようにその「偉人」観を敷衍《ふえん》する。

「思ふに、社会の進歩は殆ど偉人の功に帰するやうに思はれることがある。しかしこゝに忘れてならないことは、彼の性質の大部分が、その棲息《せいそく》する社会のそれと同一であるといふことである。そして彼が偉人と称せられる所以《ゆえん》は、畢竟《ひっきょう》するに彼がその棲息する社会の根本の大勢を看破《かんぱ》して、最も能く之を世人に紹介し、その上最も多く時代精神を一身に集中して、何人よりもヨリ善く時代精神を代表するにあることを忘れてはならぬ。手短にいへば、偉人は社会情調が熟した時に、誕生するところの人類の変種―即ち超人―である」（「三偉人と其背景」）

伊波のこのような「偉人」観は、たとえば一九三三年（昭和八）一二月、『琉球新報』紙上で披露した自作のオモロ、「迎へほこら」（東恩納寛惇君が南蛮より帰るを迎へて作ったオモロ）の一節にも「孤島苦《しまちゃび》のさ中に、物知りの囀《さへづ》りの喧しや、お間切《まぎり》の争《あらが》ひの物々しや、いきやる偉《まも》人《の》出ぢへてが、此島《だしま》は救ゆら」という形で表現されている。

「社会の進歩は殆ど偉人の功に帰するやうに思はれる」という伊波の「偉人」観ないし歴史観については、もうすこし立ち入って検討を加えなければならないが、それについてはあとでもう一度とりあげることにする。ただここでは、伊波のいう「偉人」が、時代と社会を超越した存在としてではなく、その「棲息する社会」が生み出し、したがってその社会に深く根ざし、「時代精神」を代表する時代と社会の先導者をさしていることを記憶にとどめて、前に進もう。

このような「偉人」として、伊波は最初に向象賢《しょうしょうけん》をあげる。「彼は実に言語の比較から日琉人種同系論を唱えた最初の人である」と伊波がいう向象賢の「日琉同祖論」については、すでに前にもふれたところである。

「日琉同祖論」の最初の提唱者となった向象賢は、またの名を羽地朝秀《はねじちょうしゅう》ともいう。かれは、伊波が「沖縄に於ける空前の大悲劇」とよぶ島津侵入から九年後の一六一七年（元和三）五月四日に生まれた。伊波は、「三偉人と其背景」という論文（大正五年）の中で、向象賢が後日沖縄に「黄金の箍《たが》」をはめるべき器量を、幼少のころからそなえていたという逸話（口碑）を、さも意味ありげに紹介する。「或時小さい男の児が乳母《うば》に抱かれて、京太郎《チョンダラー》の舞を見てゐたが、具志川《ぐしかわ》王子（尚亨《しょうりょう》）がつくづくとこの児の瞳を視て、私は未だ嘗《かつ》てかういふ器量の優《すぐ》れた児を見たことがない、後日私に継いで政柄《せいへい》を秉《と》り、沖縄に金の箍《たが》をはめるのはこの児であらう、といって、爾後《じご》非常に可愛がって教育したといふ話がある。そして毎月この児の身の高さを測《はか》ったその成長するのを見て、楽しんだといふことがある。実にこの寧馨児《ねいけいじ》こそは、後日薩摩と琉球との融和を図って、沖縄人の幸福を増進したところの羽地王子向象賢である」。後日、向象賢は具志川王子のあとをついで摂政《せっせい》になった。伊波は右の口碑が年代的につじつまが合わず、

「作り話」にしかすぎないであろうことを認めつつ、「当時の社会がかういふ伝説を作出したといふ事自体が、既に注意すべきこと」であるとし、「尚亨のみならず、当時の沖縄人がいたく自国の将来を気遣って、誰ぞ一人ヨリ偉大な政治家が出て来て、時勢を解釈して呉れゝば可いがと期待した気分があらはれてゐる」ところに味わいがあり、そのような「社会情調がやがて我が向象賢を産出した」のだ、と説く。

ところで、向象賢は一六四〇年（寛永一七）二四歳の時に家督を継ぎ、一六五二年（承応元）三六歳の時、羽地《はねじ》間切《まぎり》総地頭《そうじとう》職《しょく》に補せられた。その二年前、王命を受けてかれは『中山《ちゅうざん》世鑑《せかん》』(注)という沖縄の「正史」を編んだ。一六五八年（万治元）には年頭使として、また一六六一年（寛文元）には王城再建願いのため鹿児島へ行き、薩州の事情や制度を学んで帰ったという。一六六六年（寛文六）五一歳の時、前記のように具志川王子朝盈《ちょうえい》（尚亨）のあとに国相（摂政のこと。摂政は国王の最高顧問で、三司官《さんしかん》を統率する）に任じた。以後、一六七五年（延宝三）一一月二〇日、五九歳で死ぬまでの一〇年間、摂政の地位にあって改革的な諸施策を積極的にすすめた。かれの手になる法令・訓令の類をまとめたものが『羽地仕置《はねじしおき》』とよばれるものである。

(注)向象賢は『中山世鑑』の中で琉球歴代の王の事蹟をあげて論評しているが、尚寧《しょうねい》王については「尚寧終わりを慎《つつし》まず始《はじ》めに悖《もと》り、恐懼《きょうく》の心日ごとに弛《ゆる》み、邪僻《じゃへき》の情転《うた》た恣《ほしいまま》に、聚斂《しゅうれん》の臣一邪名《じゃな》（謝名）を用い、而して事大《じだい》の誠を失う」といって尚寧を国難＝島津侵入を招いた責任者として筆誅《ひっちゅう》を加えている。

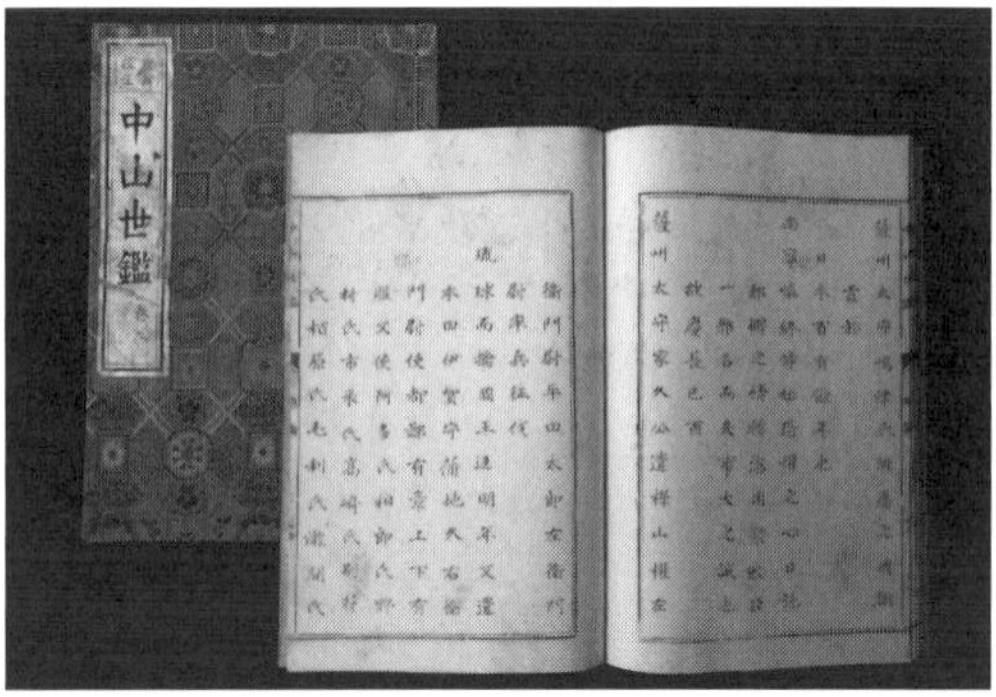

「中山世鑑」（沖縄県立博物館・美術館蔵）

『仕置』がとりあげていることがらは、多方面にわたっている。たとえば、上層士族の衣冠や進物に関する規定とか、傾城《けいせい》（女郎）を囲いおくことを禁ずるとか、冠婚葬祭の華美に流れるのをいましめるとかである。ここでとくに注意しておきたいのは、向象賢が『仕置』のなかで地頭《じとう》層の恣意的な農民使役・物品徴発に一定の制限を加えることによって、農民の負担軽減をはかったことである。

向象賢は『仕置』の中で、「国中の百姓、耕作怠りなく出精するやうに奨励して来た為に、近年は作物の出来も良く、大和《やまと》への年貢も期限通り完納する事が出来た。かねがね百姓に農耕の暇を潰《つぶ》させないやうに心掛けて来た為である。就任以来、大和へ滞納延納の訴願などした事はかつてない」といい、また「右七ヶ年の間、昼夜精根を尽くして相勤めた結果、国中の政治も大方目鼻が付き、農村までも生計豊かになった事は憚《はばか》りながら自分一人の力ではなかったかと思って居る」と自己の功績を誇らしげに述懐している（東恩納寛惇『校註羽地仕置』）。

王府の最高ブレーンとしての向象賢の関心は、「大和への年貢」を遅滞なく完納し、王府財政をすこしでも豊かにすること、それによって、ひいては自己の政治家としての名誉と地位をはずかしめないことに払われたであろう。だとしてもそのことは農民の再生産能力を一段と増進させることによってしか実現できなかった。その意味で向象賢の政策は、かれがふんぞりかえって自己過信するほどではないとしても、農民の生産意欲をかきたて、生産力を発展させるための一定の条件整備をおこなった点で、改革者的政治家であったといえるだろう。

❖沖縄のルネサンス

伊波は、沖縄の文化が日・中両文明の影響を受けて「一種の混血児的発達」をとげてきた、と次のようにのべている。「沖縄の文明は我が文化と支那の文化の影響を蒙りて一種の混血児的発達を為したり。この意味に於いて所謂《いわゆる》日支文明の交叉《こうさ》点たりしなり。故に歴代の政治家の間には、常に日本思想と支那思想の衝突あるを免れざりき。即ち琉球史の全頁は日支勢力の消長史といふも敢へて誣言《ふげん》にあらざるなり」。そして慶長の役も所詮《しょせん》二思想の衝突であった、と伊波は次のようにのべる。

「兎に角沖縄では古来日本で学んで帰った留学僧が日本思想の代表者であり、支那で学んで帰った久米村《くめむら》人が支那思想の代表者であったが、慶長の頃に至って、二者は漸次銘々の本職を離れて、政治に嘴《くちばし》を容《い》れるやうになってゐた。慶長の役は畢竟二思想最初の大衝突に過ぎないのである」

組踊「執心鐘入」
（『沖縄文化史辞典』より）

伊波によれば、沖縄史上には二度の黄金時代が現出した。最初のそれは尚真王《しょうしんおう》（在位一四七七～一五二六年）の時代、沖縄人がもっともよくその個性を発揮した「幸福」な時代であり、二度目のそれは島津侵入から一世紀後の尚敬王《しょうけい》（在位一七一三～一七五一年）の時代、日・中両国の文明が「海南の小王国に於いて相調和」した時代である。

伊波は、この二度目の沖縄史上の黄金時代をみずから「琉球の文芸復興期《ルネサンス》と呼びたい」といっている。この時期は、日本では享保の改革で知られる八代将軍徳川吉宗の「幕府中興の時」にあたり、中国では清聖祖康熙帝《こうきてい》が兵乱を鎮めて「文学を奨励するの秋《とき》」であった。このような時期の日・中両文化の影響をうけて、「瀕死《ひんし》の状態」にあった沖縄の諸芸術が蘇生《そせい》した、と伊波はいう。「沖縄ではこの時ほど沢山の人材が輩出した例がない。沖縄で古今独歩の政治家と呼ばれる蔡温《さいおん》も、名護《なご》の聖人といはれる程順則《ていじゅんそく》も、初めて組踊《くみをどり》（劇詩）を作った玉城朝薫《たまぐすくちょうくん》も、名高い画伯の殷元良《いんげんりょう》も、苔《こけ》の下・若草物語・万歳《まんざい》・貧家記《ひんかき》・雨夜物語・手水《てみず》の縁《えん》等を物した平敷屋朝敏《へしきやちょうびん》も、女詩人恩納ナヘ《おんななべ》等もこの時代の産物である。久米村《くめむら》の方にも多くの漢詩人が輩出した。而して我が蔡温は実にこの時代を代表すべき偉大なる人物である」と伊波はアトランダムにあげている。

日・中両思想の衝突ないし両勢力の消長史という伊波のシェーマに即していえば「支那思想の権化《ごんげ》」と伊波がいう謝名親方鄭迵が、島津の手にかかって葬られたことに象徴的に示されるように、島津侵入後は「支那思想」は「日本思想」の前に屈服し、逼塞《ひっそく》させられたことになる。伊波はさきに、謝名が鹿児島で殺された理由を「自由の無い所で生存するのは恥辱であるといって」誓文への調印を拒んだからだと説明していた。しかも、このような謝名を伊波は「奴隷になるまいと力んで殺された愛国者」とも評価し、このような「彼の名を脚本などで悪者にして、島津氏の歓心を買はうとするまでに、その民族性が変わって来た」と沖縄人の「奴隷根性」を伊波は指摘していたのである。伊波にとっては島津侵入以後、沖縄人には何らの「自由」もなく、あるのはただ「奴隷の境遇」でしかなかったはずだ。そのようにみる伊波が、島津侵入から半世紀後に、島津のあとおしで権勢をにぎった向象賢をば「偉人」とよび、また、それから半世紀後に現れた「琉球の文芸復興期《ルネサンス》」に日・中両文化（思想）が「調和」したと敢えていわなければならなかったのはなぜか。それは、伊波のおおうべくもない論理の矛盾ではないのか。

だが、われわれはひとまず次の点を確認しておかなければならない。沖縄を介してする中国貿易に最大の関心をはらった島津は、それを円滑に営むためにも「支那思想」を温存し、利用しなければならなかったということである。もっとも「支那思想」といい、「日本思想」というのも、厳密な意味でそんな「思想」があったわけではない。しいていえばこの両者は、どちらも「儒教」によって裏打ちされているという点で、また、いずれも封建支配階級のイデオロギーであるという点で、共通の基盤をもっていたのである。だから伊波が、「琉球史の全頁は日支勢力の消長史」というのも、いささか一面的でオーバーな表現であることを免れないのである。むろん、伊波もそれを比喩《ひゆ》的に使ったのである。

話を前にもどそう。島津は沖縄を介して中国との貿易を営むためにどうしても沖縄と中国との諸関係を旧来のまま存続させ、利用する必要があった。隔年ごとの中国朝廷への「朝貢」には漢文の書翰を準備し、正副使節に随行する通訳もたえず養成しておかなければならない。さらに、琉球国王の代替わりには中国から冊封使の一行がやってくる。島津にとっては招かざる客だが、それも貿易を継続してゆくための必要悪なのだ。この時ばかりは、王府と中国との古い仰々しいしきたりを、そのなすがままに、じっとこらえて見守るほかはないのだ。しかも、島津の支配をみずからもおしかくそうとまでして。

このような島津の沖縄支配が、沖縄人の意識、すくなくとも王府支配層の意識を複雑なものとし、時に王府内の派閥的対立が「支那思想」と「日本思想」との対立・衝突という形で顕在化したのである。「二思想最初の大衝突」と伊波がいう慶長の役では「日本思想」が勝利した。

だが、その結果沖縄人が迎え入れたのは「奴隷制度」であったと伊波はいう。そして、「奴隷」になることを拒み、「自由」を叫んで殺された謝名親方を「愛国者」と評価する伊波の胸中には、ひそかに謝名に共感し、喝采《かっさい》をおくりたい気持ちがうずいているかに見える。

だが、伊波にはひとつの動かしがたい確信があった。それは、かれの「沖縄研究」の出発点でもあり、また、その研究が進めば進むほど、いよいよ強められてゆくもの、すなわち「日琉同祖論」への確信であった。向象賢こそ伊波のこの確信、すなわち「日琉同祖論」を最初に、しかも伊波の専門分野である「言語の比較」から提唱した人であり、「偉人」であった。そのような伊波にとって、謝名親方鄭迵は、たとえ心情的には共感をおぼえるものをもつ人物ではあっても、「偉人」として顕彰するわけにはゆかなかったのである。そこにわれわれは、伊波における理想主義と現実主義の矛盾と、結局は現実主義者としての伊波を見ることができる。

ところで伊波にはヨーロッパ史における中世暗黒時代説を沖縄史にあてはめてみようとする考え方があった。ローマ帝国へのゲルマン民族の侵入、それに続く数百年にわたる中世暗黒時代をへて、やがてルネサンスでギリシア・ローマの文明が再生する、というあの史観である。

伊波がこの時期を「琉球の文芸復興期《ルネサンス》」とよぶ時、いうまでもなく沖縄史上の最初の黄金時代＝尚真王時代―沖縄人の個性が最もよく発揮された時代―の復活・再生という意味がこめられていた。だが島津侵入・支配によって蹂躙《じゅうりん》され萎縮《いしゅく》させられた「沖縄人の個性」とその文化はもはや往時の原形のままでなく、「二文明の調和」という形でしか再生のしようがなかったのである。

伊波が、「琉球の文芸復興期《ルネサンス》」とよび、また「二文明の調和」した時期として、その人的表現を蔡温《さいおん》に代表させようとする時、それは蔡温において「二文明の調和」が顕現したと見るよりも、蔡温を通して伊波における理想主義と現実主義との「調和」が語られていると解した方がより真実に近いといえるのではなかろうか。

❖蔡　温

すでにのべたように「琉球の文芸復興期《ルネサンス》」の代表的な人物として、伊波は蔡温《さいおん》をあげている。しかも伊波は蔡温を「古今独歩の政治家」とか、「非凡なる政治的天才」・「琉球第一の政治家」といって、最高の讃辞をおくっている。

蔡温は一六八二年九月二十五日、久米村《くめむら》に生まれた。久米村はかの「支那思想の権化ともいふべき若（謝）名親方鄭迵の産地」でもある。「兎に角古往今来沖縄人にして自叙伝を書いたのは蔡温只一人であるを見ても、その非凡であった事がわかる」と伊波が絶讃するその『自叙伝』によれば、蔡温の父蔡鐸《さいたく》（『中山世譜《ちゅうざんせふ》』の編者）は本妻との間に結婚後二〇年たっても男児が生まれず、妻は「先祖の血筋」が絶えるのを心配して夫に妾《めかけ》をおくようすすめた。娘に婿《むこ》養子をとらせればすむことだ、と蔡公は反対したが、妻のたっての希望をいれて妾を迎え、まもなく男子が生まれた（童名次良《じらー》、唐名淵《えん》）。ところが二年後には本妻もめでたく男子を生んだ（童名蒲戸《かまど》、唐名温《おん》、すなわち蔡温である）。「先祖の血筋」を絶やすまいとする当時の士族家庭

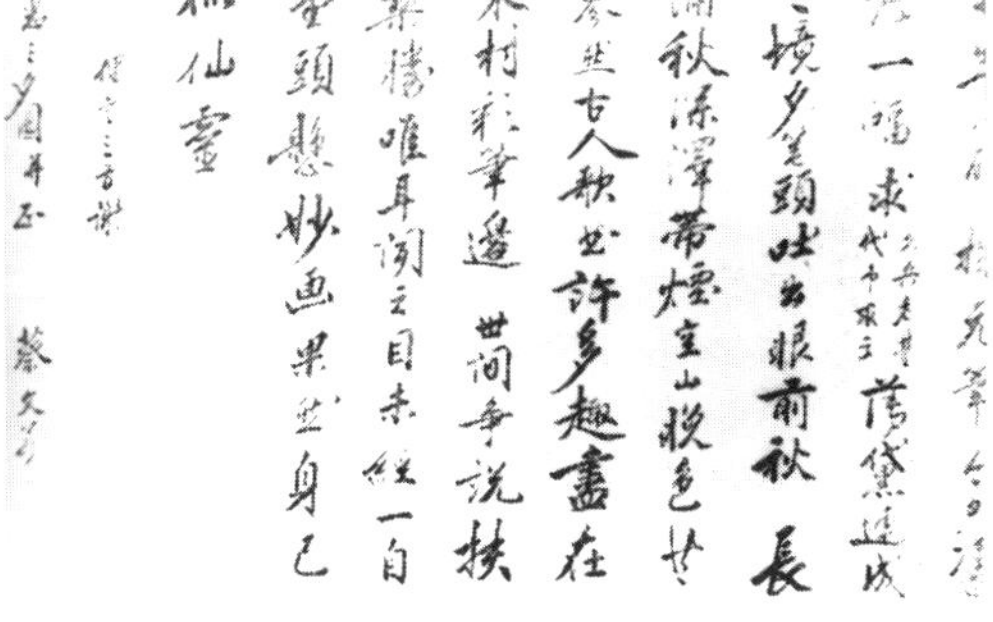

蔡温の筆跡

の一端をのぞかせていて、おもしろい話である。

もうすこし蔡温の『自叙伝』のあとを追ってみよう。蔡公は二人の男の子のどちらを「嫡子《ちゃくし》」とするか決めかねて、同じように「読書」（学問）をさせた。次良は聡明であったが、蒲戸《かまと》（蔡温）の方は反対に物覚えが悪く、まるっきり学問が身につかない。蔡温一六歳の八月十五夜、たまたま久米村の同僚たちが大勢あつまって明月をめでている折、小橋川《こばしがわ》という新参士と口論がはじまり、つかみあいとなった。「学問のたしなみのない奴は、百姓とどちらが変わるか」と小橋川にののしられて蔡温は夜明けまで泣き通した。そのことがあって、蔡温は発奮して猛勉強をはじめた、と彼自身述懐する。

さて、蔡温は二七歳の時「進貢存留役《しんこうぞんりゅうやく》」として中国へ渡り、二九歳の時に帰ってきた。中国滞在中に蔡温はある「隠者《いんじゃ》」（伊波によれば多分陽明学者だという）にめぐりあい、「学問の秘旨《ひし》」を伝授さ

れた、と『自叙伝』でのべている。それは要するに、「四書・六経・そのほか賢伝の書」はみな「誠意治国の事」を書いたもので、「学問」とはそれらをただ丸暗記することではなく、その「正味」＝本質を体得して「政道」に生かし、応用することだ、というのであった。蔡温はこれを聞いて「夢の醒めたごとく」になったとのべている。帰国後蔡温は、尚敬王の「師匠《ししょう》」をおせつかり三五歳の時、冊封《さくほう》を請う使者として中国へ渡り、三九歳に「三司官座敷《ざしき》」を拝命、四七歳に三司官となり具志頭間切惣地頭職に補せられ、七一歳の退役まで二五年間三司官を務めた。蔡温七五歳の時（一七五六年）の冠船渡来の際には、冊封使一行と沖縄側との間に取引き上のいざこざがおこり（評価《はんがー》事件）、退役の身ながらかれは老軀《ろうく》をはげまして事件を処理した。

『自叙伝』を手がかりに、われわれは蔡温の経歴をおおざっぱにたどってきたが、かれの経歴が示すように、蔡温はどちらかといえば中国寄りの思想なり、教養を身につけてきた人であった。かれが一度も日本に遊ぶ機会をもたなかったのも、あるいは偶然ではなかったのかもしれない。とはいえ、薩摩＝島津を抜きにし、意識しないで枢要《すうよう》のポストにいることも「政治」をおこなうことも不可能であった。かれがその著『独物語《ひとり》』のなかで、「往古の聖人も、政道の儀は夜白《よるひる》精を入れ候慎み、たとえば朽手縄《くちてなわ》にて馬を馳《は》せ候儀同断《そうろうぎどうだん》と申し置かれ候」といったのは、薩摩と中国とのはざまで日夜苦慮する蔡温の、ひいては沖縄の為政者の真情を吐露したものであったろう。蔡温が同じく『独物語』および『教条《きょうじょう》』のなかで、沖縄が島津の支配をうけて以後、「世替《よが》わり（革命）の騒動」もなく、「政法・風俗」も改まり、人口も増加し、農民は油断なく農耕に励むようになったといい、「毎年御国元（薩摩）へ年貢米《ねんぐまい》差し上げ候儀、御当国（琉球）大分御損亡《ごそんぼう》の様相見え候へ共、畢竟《ひっきょう》御当国大分の御得に相成り候次第、誠に以て筆紙に尽くし難く」と「御国元」（薩摩）の「御厚恩」を強調しているのも、蔡温の真意がどこにあったのか、なかなか微妙なところであるが、すくなくとも薩摩＝島津を十分意識しての発言であることは、まちがいない。

蔡温には多くの著述が遺っている。そのひとつ『図治《とち》要伝』という漢文で書かれた著述のなかで、「政務の緊要なること農より先なるはなし。農は国の本なり。農民を愛するはすなわち国を愛することなり。農民を侮《あなど》ることはすなわち国を侮ることなり。農民を傷《そこな》うはすなわち国を傷うことなり」とのべている。このような農本主義の立場に立ちつつ蔡温は、「治国の道」にはいろいろあるが、国によりことがらによって、そのやり方や先後・緩急を考慮して実行することこそ大事なことだとものべている。

おそらく近代以前の沖縄史上の人物で蔡温ほど後世にまでよくその名を記憶された人もいまい。かれの指導のもとで植樹された松の古木が、二〇〇余年の歳月をへだてたこんにちにおいてもなおその樹齢を保っている。蔡温はそのことによってもいまなお沖縄の人びとのなかで生きつづけ、想起されている。むろんかれは為政者であり、王府の支配階級に属する人であった。かれの歴史上の「功績」を帳消しにするほどの「暴政」によってべつの意味でもその名を後世に記憶されている。それは、八重山における強制移住政策であった。それにまつわる八重山農民の悲哀と怨恨をこめた歌謡は、伊波自身がべつのところで紹介しているところである。

これまでどちらかといえば蔡温の「功績」のみが一方的に強調され、記憶されてきたのではないか。おそらくそのような蔡温像をつくりあげるのにおおいにあずかって力をかしたのは、ほかでもなくわが伊波普猷の「功績」ではなかったのか、とわれわれは疑っている。むろんわれわれは伊波の描きあげた蔡温像のすべてが誤りであるといっているのではない。伊波が「三偉人と其背景」という論文のなかで、政治家としての蔡温とその「政治哲学」をほとんど注釈も批判も抜きに淡々と解説・紹介し、最高の讃辞をもって「偉人」を顕彰していることに、われわれは疑問を提起しているのである。政治家としての蔡温は、その功罪のどちらか一方だけを強調するのではなく、それらを冷静に見きわめたうえで評価されなければならない。

蔡温によれば、小さい国は小さい国なりに「政道」の根本さえしっかり立っておれば、やりようによっては国力を充実させることができる、というのが政治家としてのかれの信念であった。政治家としての蔡温の最大の関心は「社稷《しゃしょく》」（国家）の存続であり繁栄であった。この立場から、君主（国王）たるものの徳が説かれ、それを補佐する臣庶《しんしょ》（士族）の道と被支配階級たる兆民（農工商民）の務めが説かれるのである。ただ蔡温は、たとえば「興廃存亡は運命に係はるといえども、その実は人に由りて天に由らざるなり」といい、また、「治国の道は皆人事なり」といっているように、国家の「興廃存亡」も「政治」も、すべて「天」によって運命づけられるのではなく、「人事」に属することだとして、人間の主体的能動性を積極的に評価しているところに現実政治家としての本領があったように思われる。伊波の言葉をかりていえば、「島津氏の許す範囲内に於いて」という制約のもとではあったが、沖縄というこの小宇宙で蔡温はみずからの「理想」を実現しようとはかったのである。

伊波は、カーライルの「吾人の見る所の現実は如何に醜《みにく》いものであっても、理想は唯其の中にのみ発見される」という言葉を引きつつ、蔡温の立場を次のように説明する。「理想を尊ぶの余り、現実を卑《いや》しむ人は、その実理想を卑しむ人である。理想は蛍の如きもので、暗黒にあるときに、能く其の光輝を放つものである。蔡温は実にその理想を狭い醜い所で実現したればこそ、能く其の人格の光輝を放つことが出来たのである。沖縄の奴隷制度は天道を実現するには不都合なものであったが、沖縄人はその不都合なものを避けては、決して之を実現することが出来なかったのである」と。

われわれがさきに、伊波における現実主義と理想主義の「調和」といったのはまさにこのことであり、伊波はみずからにおけるこの「調和」を蔡温のうえに重ね合わせたのである。

琉球処分

❖沖縄の廃藩置県

「琉球処分」というのは、ごくせまい意味に限定すれば、沖縄の廃藩置県のことである。一八七九年（明治一二）三月、明治政府は「琉球藩」を廃し、「沖縄県」を設置した。といえばことは簡単なようだが、「沖縄県」が生まれるまでには、さまざまな曲折をへている。その曲折の中に、じつは「琉球処分」とよばれることがらの性格や特質が示されていたのであるが、ここではひとまず「沖縄県」が誕生するまでのいきさつを概観しておこう。

一八七二年（明治五）に明治政府は「琉球国」をあらためて「琉球藩」とすることを命じ、「国王」も「藩王」（藩主ではない）と改称して華族の列に加えた。日本本土ではその前年に廃藩置県がおこなわれた（その際、沖縄は鹿児島県の管轄とされた）後であったのに、敢えて「琉球藩」としたのは、藩から県へという国内における順序を踏むためでもあっただろうが、それ

松田道之

尚泰王

とともに琉球王府や中国（清朝）に対する明治政府の政治的配慮も手伝っていた。いずれにしても「琉球藩」とされたことによって沖縄は旧来の鹿児島県の管轄を離れて、明治政府の直轄に移されたわけである。

ところで、この「琉球藩」がこの時点で設置された背景には、もうひとつ重要な事実がかくされていた。それは、その前年（一八七一年）の末、宮古島の船が王府への年貢を那覇まで運んでの帰途、暴風にあって台湾に漂着し、乗りくんでいた六九名のうち（三人は溺死）、五四名が台湾の「生蕃《せいばん》」に殺害されるという惨事がおこり、その情報が外務省へ伝えられた。当時、日本国内には旧来の封建的特権を奪われて路頭にほうり出されていた数十万の武士階級が反政府的な動きを示していたから、政府は台湾での宮古島民の殺害事件を利用して、国内の不穏な空気を外に向けて放出しようと考えたのである。だがそのためには沖縄が正式に日本の版図《はんと》の一部であり、その住民は日本国民であるという論拠がなければならない。こうして明治政府は大急ぎで「琉球藩」を設置して、沖縄を日本の版図に組み入れ、そうすることによって日本国民が殺害をこうむったことへの報復としての「討蕃《とうばん》の公理」＝台湾出兵の理論的根拠を得たわけである（日本は一八七四年＝明治七年に台湾遠征を決行した）。

一八七五年（明治八）には、明治政府は松田道之《まつだみちゆき》を「処分官」として沖縄に派遣し、次のような政府の命令を伝えさせた。（1）中国（清朝）への朝貢使（二年に一回）および慶賀使（清帝即位の時）の派遣を今後禁止すること、（2）今後清国の冊封を受けることを禁止すること、（3）藩内一般に明治の年号を使用し、年中の儀礼なども日本の法令に従うこと、（4）刑法施行準備のため、担当のもの二、三名を上京させること、（5）藩治職制の改革をおこなうこと、（6）留学生を一〇名ほど上京させること、（7）福州の琉球館を廃止すること、（8）謝恩使として藩王尚泰《しょうたい》が上京すべきこと、（9）鎮台分営《ちんたいぶんえい》を設置すること、以上である。

政府の命令を受けた首里王府首脳は、気も転倒せんばかりに驚愕《きょうがく》した。藩当局は、日・中両国にこれまで「父母の国」として仕えてきたいきさつを説明し、旧来通りの状態を存続させてほしいと口頭で、また文書で、松田や直接政府に百方歎願をくりかえした。首里士族のなかにはひそかに清国へ脱走し、清朝政府に救援を訴えるものもいた。だが、松田＝明治政府の方針は変わらず、命令のすみやかな遵奉を要求した。藩王をはじめとする王府首脳はもちろん、士族層＝支配階級のあいだにもしだいに動揺がおこり、遵奉派・反対派・中間日和見《ひよりみ》派といった分派が発生し、たがいに反目・対立しあった。明治政府は、一八七九年（明治一二）三月、松田道之に三度目の渡沖を命じ、反対派を武力で弾圧して、ついに「廃藩置県」を断行したのである。いわゆる「琉球処分」である。

政府の置県処分になおも反対する士族のなかには、着任したばかりの県官に投石してけがをさせるなど、県政ボイコット運動がつづけられた。県当局は、これらの士族反対派を徹底的に逮捕し、服従するまで拷問《ごうもん》にかけた。拷問の責め苦にあえぐかれらの悲鳴が二、三町さきまで聞こえたという。また、那覇やその近辺の下層民衆の中には、県当局による士族反対派の逮捕に協力するものもあった。

沖縄の廃藩置県は、このように王府や士族などの沖縄の支配階級の反対をおさえて強行されたが、一方、沖縄に対する宗主権《そうしゅけん》を主張する清国側からも抗議の火の手があがった。日本政府としては、沖縄問題は日本の国内問題であり、清国の抗議はスジちがいであると主張したが、清国のほうもなかなかゆずらず、ついには日・清両国間の外交の舞台で争われることとなった。たまたま、世界漫遊の途次日本を訪れていたアメリカ前大統領グラントの助言もあり、日本は琉球諸島のうち中国領台湾に近い宮古《みやこ》・八重山《やえやま》両先島《さきしま》を清国に割譲し、そのかわり一八七一年（明治四）に締結された「日清修好条規」を改正して、欧米なみの中国内地での通商権を手に入れようとはかった。いわゆる「分島問題」または「分島改約」案とよばれるものである。半年ほどの両国間の外交交渉をへて、日本側の希望通りにまとまるかに見えたが、最後の土壇場になって清国側がその条約案の調印を拒んだため、効力を発しなかった。一八八〇年（明治一三）、廃藩置県の翌年のことである。もし清国が調印し、条約が成立していたら、宮古・八重山の両先島とその住民は、日本政府の中国内地での通商権獲得とひきかえに、清国へ売り渡されていたであろう。

このように「琉球処分」は、その初発において「台湾出兵」と結びつけられ、その終局において「分島問題」と密着させられたように、終始日本の「外交問題」の中でとりあげられていたところに大きな特徴があった。いずれにしても、「琉球処分」＝廃藩置県の結果、数百年にわたって沖縄に君臨してきた尚氏《しょうし》の琉球王府は、おなじく数百年間の歴史をもつ中国との関係もろとも、廃絶され、沖縄は日本の近代国家のなかに組みこまれることとなった。

だが、琉球王府は解体されて沖縄県庁がそれにかわったのであるが、明治政府の沖縄県政は、王府以来の、あるいは島津支配以来の封建的諸制度―たとえば、租税制度および租税額、土地制度、地方統治制度など―をそのまま継承し、温存・利用することを方針とするものであった。これを「旧慣」温存政策と呼んでいるが、このような政策・方針は、置県後四分の一世紀も続けられ、それらが改められたのは、一九〇三年（明治三六）の「土地整理」（地租改正）完了の時点においてであった。換言すれば、日本の近代国家の中で、沖縄県民は依然として前近代的な諸制度＝アンシャン・レジームのもとに放置され、長い期間にわたって制度的な差別を受けたのである。

❖「琉球処分」の評価

さて、「琉球処分」は沖縄史の上で、また日本史上、どのような意義をもつ事件だったのであろうか。じつは「琉球処分」の歴史的意義をどう評価するかをめぐっては、歴史学者のあいだに議論のあるところであり、一定の論争もおこなわれている。そして、この問題に最初の意味づけ＝評価をおこなったのが、ほかならぬ伊波普猷であった。

古琉球人に扮した伊波普猷

よく知られているように、伊波は一九一四年（大正三）に、「琉球処分は一種の奴隷解放なり」という論文を書いている。その題名が示す通り伊波は「琉球処分」を「一種の奴隷解放」と規定＝評価した。伊波のいう「奴隷」とは、その文脈から読み取れるかぎり、「玉冠、紗帽、五彩巾、紫巾、黄巾、紅巾（いずれも士族のかぶる冠《かんむり》であるが、その色で王府内における位階が示された—引用者）など色々の冠を戴いた美しい奴隷」、つまりは沖縄の支配階級をさして「奴隷」とよんだのである。人口の圧倒的多数を占める沖縄の農民は、伊波の論理からすれば、さしずめ「奴隷の奴隷」ということでもあろうか。

伊波が「琉球処分」を「一種の奴隷解放」とよぶ時、「解放」されたのは島津の「奴隷」であった沖縄の支配階級であって、「奴隷の奴隷」たる農民大衆のことではなかったのだろうか。伊波の表現はあいまいである。その点をいちはやく問題にし、批判したのが仲原善忠であった。仲原は次のようにのべている。「廃藩を『奴隷解放』だと規定したコトバの響きに、われわれは注目させられます。しかし、伊波氏のいう奴隷が、数百年、抑圧されてきた百姓ではなく、国王以下の貴族を指すことを知ると失望します。……氏の指す奴隷は王以下の貴族、士族以下一群の支配者であって大多数の人民、それこそ本当の農奴の位置にあった人々には氏は思い及んでいないのであります」と。

このように仲原は、伊波の「奴隷解放」という言葉に注目しながらも、ただそこでの伊波が、国王以下の支配階級と、最下層の農民をふくむ被支配階級とを区別せず、支配階級＝奴隷が島津の封建支配から解放されたという意味で「奴隷解放」とよび、「本当の農奴」の地位にあった被支配階級にまで「思い及んでいない」伊波の歴史把握、つまりは伊波における階級的視点の欠如を批判しているのである。批判ついでに仲原は、伊波の「奴隷解放」を被支配階級までおしおよぼし、「明治十二年の置県は、最下層の農民から見ると、二重、三重の政治的抑圧、経済的収奪から解放され、数百年ぶりに初めて人間としての権利を取り戻した、深い意味をもつものであります」と自己の見解を提出している。

仲原の指摘のように、「琉球処分」に対する伊波の「奴隷解放」という規定も、その内実はすこぶるあいまいであった。だがまた、仲原のように「最下層の農民から見ると、二重、三重の政治的抑圧、経済的収奪から解放され」たとする見解にも、われわれはにわかに支持を与えるわけにはゆかない。なぜなら、置県後の沖縄県政は、すでにのべたように封建的な「旧慣」諸制度を積極的に温存・利用したものであり、農民の負担や政治的諸権利において、本質的に旧来の状態とほとんどかわりはなかったからである。

伊波はまた、前掲論文のなかで、「琉球処分の結果、所謂《いわゆる》琉球王国は滅亡したが、琉球民族は日本帝国の中に入って復活した」とものべている。また、一九一六年（大正五）に書かれた「三偉人と其背景」という論文では、「琉球処分」＝沖縄の廃藩置県によって、「日本に於ける国民的統一の事業は、全く完成を告げた」といい、つづけて「実に沖縄人は二千年の昔、手を別った北方の同胞と邂逅《かいこう》して、同一の政治の下に、幸福なる生活を送るやうになったことを感謝しなければならぬ」とものべている。つまり、伊波によれば、「琉球処分」は日本の近代的民族統一への「機運」によって導かれたものであり、しかもその最後の一環であった。だからこそ「琉球処分」によって、「日本に於ける国民的統一の事業は、全く完成を告げた」ことになるのである。

このような考え方は、日本の近代史家のなかにも引きつがれ、もしくは共通のものとして見られた。たとえば維新史家服部之総《はっとりしそう》は、伊波と同じく「琉球処分」＝沖縄の廃藩置県が「国民的統一事業の最後の一環」であったとして、次のようにのべている。「琉球廃藩置県は国民的統一事業の最後の一環をなすものであったとともに、かかる性質の事業中、外国（就中《なかんずく》支那）に対する葛藤を覚悟しなければならぬ唯一の部面であった。もし我が国に於ける何ほどかの意味での『国民戦争』――外国に対する――がありえたとすれば、前後ただ一度、琉球併合問題に関するかぎりこれを云い得たでもあろう」と（『近代日本外交史』）。すなわち、沖縄の廃藩置県は、近代日本における崇高な「国民的統一事業」であり、その過程でもしもその事業を妨害する外国があれば、それに対しては武力を発動してもそれは「国民戦争」の名のもとに正当化されうる性質のものであったというのである。

上述のように、伊波が「琉球処分」を「一種の奴隷解放」とよび、どちらかといえばそれを手ばなしで肯定し、讃美さえしたことについては問題があるが、伊波自身はこのような評価を終生かえなかった。そして、伊波が「琉球処分」の評価に関して提示した二つの規定、すなわち、「奴隷解放」ということと「国民的統一」という規定は、伊波以後、仲原善忠や新里恵二らの沖縄史研究者たちによって批判的にうけつがれ、深められていったが、こんにちにおいてもなお、「琉球処分」評価に際しての基本的な視点にかかわる問題なのである。伊波自身の評価そのものの当否はべつとして、沖縄史研究者としての伊波のすぐれた洞察力と、先駆性がそこには示されている。

❖「琉球最後の政治家」＝宜湾朝保

ところで、「琉球処分」という政治的な激動期を当時の沖縄の人びとはどのように迎えたのであろうか。ここでも伊波の眼は、沖縄の下層民衆に向けられるのではなく、王府支配者の中に、「時勢の解釈者」としての「偉人」の事績をさぐることに向けられる。このような「偉人」として伊波は「琉球最後の政治家」であり、「沖縄政治家中最不幸な政治家」として、宜湾朝《ぎわんちょう》保《ほ》（向有恒《しょうゆうこう》）をあげている。

宜湾は一八六二年（文久二）三九歳の時に三司官の地位につき、国王尚泰の信任が最も厚かった人だという。一八七二年（明治五）、明治政府は鹿児島県を通じて沖縄からの「王政維新」の慶賀使派遣を促し、その機会をとらえて「琉球藩」設置の宣下《せんげ》をおこなったのであったが、宜湾はその時の副使として、建藩処分の宣下を親しく拝命して帰った人である。かれは、日本に六度、中国に二度使いし、また、薩摩の歌人八田矩紀の門下として和歌も巧みであった。伊波は宜湾について、「世界の大勢に通じ、自国の立場を知るの見識に至っては、当時の琉球

宜湾朝保

政治家中、彼の右に出づる者は一人もなかった。彼は学問あり品性あり胆力ある立派な紳士であった。彼は行政も農政も林政もはた外交も最早《もはや》為す所がないといふ国家存亡の秋《とき》に際して、ただ諾否《エースノー》で以て蒼生《そうせい》（人民）を救ひ得る底《てい》の政治家であった」と評している。

一八七五年（明治八）松田道之が「処分官」として渡沖し、明治政府の「琉球処分」の方針をつきつけて以来、王府内には大恐慌がもちあがっていたが、反対派のなかには、「このような困難をもたらしたのは、さきに、臣下の身でありながら、藩王の封爵をかるがるしく拝命してきた宜湾朝保らの、不忠この上もないふるまいのせいであり、ただちに処刑を命ずべきだ」、と宜湾らを弾劾《だんがい》するものもいた。こうして反対派＝頑固派から「売国奴」という罵声をあびせられながら、宜湾は三司官の地位を退いたが、このころのかれの心境を歌った次のような和歌を詠んで、一八七六年（明治九）、煩悶のうちに死んだといわれる。「野にすだく虫の声々かまびすし、誰か聞き分きて品定めせむ」「徒《いたずら》にながらへむ身を朝な朝な笑ふに似たり朝顔の花」。ちなみに、伊波が「琉球最後の政治家」とよぶ宜湾朝保が死んだその年、わが伊波普猷は呱々《ここ》の声をあげた。

ところで、王国末期にあたる一九世紀四〇年代以降になると、外では異国船の渡来が年ごとに頻繁となり、王府もようやく異国事務に忙殺されはじめた。他方、内にあっては、農村の慢性的な疲弊・窮乏化現象が全島的に進行しつつあった。農村の疲弊・窮乏化は、それじたい王府の農村収奪の結果であったが、それはまた、農民に吸着する王府の財政を危機に追いやっていった。王府は、家臣の知行を削減したり、また、「奉借」といって一般から寄付を募って（一種の売官・売爵である）急場の支出をとりつくろったりした。さらに、疲弊した農村に検者《けんじゃ》とか下知役《げちやく》とよばれる農村監督官を派遣して、そのたてなおしにやっきとなったが、もはや大勢を挽回《ばんかい》しえない状態に追いこまれていたのである。

こうした状況の中で、一八五九年（安政六）「牧志《まきし》・恩河《おんが》事件」とよばれる疑獄事件がおこった。ことのおこりは、沖縄を足がかりにしてヨーロッパ諸国との通商に乗り出そうとする薩藩主島津斉彬《なりあきら》の積極外交にひっかきまわされたことにある。それにまつわる島津の王府人事に対する露骨な干渉、斉彬派による国王廃立の陰謀の噂、といった疑心暗鬼がうずまくなかで斉彬の急死が伝えられ、王府内の反目・対立は一時に顕在化し、ついにむごたらしい疑獄事件に発展していったのである。その時、宜湾は糾明《きゅうめい》奉行《ぶぎょう》の一人として、事件の審理に加わった。

このように、このころの琉球王国は王府の農村支配の動揺と支配層内の派閥的対立に見られるように、一種の封建的危機に見舞われていた。伊波が、「兎に角当時の沖縄は、外来の勢力によって、どうにかされなければ、始末がつかないといふ程行き詰まってゐた」、といっているように末期的症状を呈しつつあったのである。「行政も農政も林政もはた外交も最早《もはや》為す所がないといふ国家存亡の秋《とき》に際して、ただ諾否《エースノー》で以て蒼生を救ひ得る底《てい》の政治家」、そういう政治家が宜湾朝保であったと伊波はいう。かれは「学問あり品性あり胆力ある立派な紳士」であった。また、「世界の大勢」にも通じ、日本の「国民的統一」の「機運」をも察知し、その中で「自国の立場」とそのゆくべき方向をいち早く見定めていたが故に、かれは「偉人」の名に値する、と伊波は説く。宜湾は学者としても「熱心な日本研究家」であり、向象賢につぐ「日琉人種同系論」の信奉者でもあった。

　向象賢・蔡温・宜湾朝保の三人は、沖縄史の中から伊波が選び出す「三偉人」であった。かれらが「偉人」の名に値するのは、いずれも島津の「奴隷制度」のもとにある沖縄というこの小宇宙で「自国の立場」とその将来を予見する「時勢の解釈者」として現れ、「その同胞が他日奴隷から解放されることを予期して、解放される暁、死骸として発見されないやうに、其の時まで彼等が生き得る方法を講」じたところにあった。そして、沖縄人はこのような「三偉人の尽力で奴隷制度といふ籠から死なずして出ることが出来た」と伊波は結論する。しかも、伊波の「奴隷からの解放」が、いうまでもなく「琉球処分」＝沖縄の廃藩置県だったわけである。ここにおいて伊波の「偉人」伝もまた完結を見たのである。

III

伊波普猷の歴史思想

沖縄史像とその思想

❖沖縄史像の特徴

われわれはすでに、伊波普猷の描いた沖縄史像を、いくらかわれわれ自身の批判も加えながら、見てきた。これまでにも随所で指摘してきたところであるが、ここでひとまず伊波普猷の「沖縄史」への分析視角とその特徴を整理しておこう。

第一には、「日琉同祖論」の立場であった。沖縄人は日本民族の遠い分かれであり、したがってその言語や文化も、古い形を多くとどめてはいるが（それゆえに伊波にとっては貴重なのであるが）、まぎれもなく日本のそれと同系・同質のものである、という考えは、伊波にとっては出発点であり、前提であり、確信であった。その最初の提唱者であった向象賢は『仕置』のなかで、「熟々思惟《つらつらしい》するに、此の国の人の生まれ初めは、日本より渡りたる事、ゆめ疑ひあるまじく、さればこそ、末世の今に至るまで、天地・山川・五形・五倫・鳥獣・草木の名に至るまでも、皆日本と共通である。さりながら言葉の末に多少の相違あるは、遠国の上に、久しく通融絶えたる為である。五穀も人種と同時に日本から渡って来たものである」(東恩納寛惇『校註羽地仕置』)とのべた。伊波は、向象賢のこの意見をほとんどそのまま信奉し、祖述《そじゅつ》し、学問的により具体的に実証し、深めていったのである。

第二に、島津の侵入とその支配に対するほとんど容赦《ようしゃ》のない批判と呪詛《じゅそ》である。島津は沖縄に「奴隷制度」を敷き、沖縄人から政治的な自由を奪い、経済的な搾取をおこなった、と伊波はくりかえしいう。それだけではない。島津の「奴隷制度」は、かつて海洋に躍動した沖縄人の「撥溂《はつらつ》たる元気」を封殺《ふうさつ》し、オモロに萌芽しかけた沖縄の文芸を二葉《ふたば》のうちに枯死させ、沖縄人の「個性」を摘み取って「奴隷根性」を培養したと伊波は怒りをこめてその罪状を列挙し、告発する。伊波の東大時代の後輩であり沖縄史の研究者であった東恩納寛惇《ひがしおんなかんじゅん》は、「伊波君の想出」のなかで、若い頃の伊波は、「慷慨家《コーガヤー》」という渾名《あだな》で通っていたと次のようにのべている。「慶長の薩摩入り、それが遠因となって、次々に現れた郷土の悩みについて、(伊波は)常に悲憤慷慨し、卓を叩いて斗酒《としゅ》なほ辞せざるものがあった」と。伊波が、これほど執念深く、執拗なまでに島津の沖縄支配の罪状を告発し、悲憤慷慨したのは、なぜか。これについて伊波の学問上の後輩であり、弟子である比嘉春潮は「年月とともに」のなかで次のようにのべている。「伊波さんは沖縄研究を進めていく中で、近世の歴史における薩摩の搾取、支配ということを強く打ち出した。明治から大正初期には、その歴史観が、とりもなおさず鹿児島商人と鹿児島閥の官吏のはびこる当時の沖縄社会を直接に批判することになった。それが県当局にとっては大変な脅威《きょうい》だった。だから、伊波さんを非常に煙たがり、世論の支持に押されて県立図書館に沖縄最高の文化人として据えはしたものの、長い間、嘱託《しょくたく》の地位しか与えなかった」と。すなわち、島津の沖縄支配に対する伊波の批判と痛憤は、そのまま伊波の現実批判と重なっていたというわけである。

第三に、伊波は沖縄史をつらぬく一本の太い糸―基調―を「孤島苦《ことうく》」という言葉でいい表そうとした。「北方の同胞（本土の日本人）が瑞穂《みずほ》の国で幸福な生活を送ってゐる間に、南島人（日本民族の遠い分かれである沖縄人）は不毛の地で野猪《やましし》や毒蛇《はぶ》と闘はなければならなかった」。こうして歴史のあけぼのから、南島人＝沖縄人の「孤島苦」との闘いがはじまった、と伊波は語り出す。猛獣毒蛇の脅威、南洋海上で発生し、毎年きまって二、三回以上は沖縄を襲う台風の災害、これが南島人をとりまく自然環境であり、その悪条件との格闘それじたいがかれらの生活であり、歴史であった。伊波は続ける。「もともと貧弱な土地柄で、農事だけでは到底やっていけないので、自然海外貿易を始めなければならないやうになった。そしてこれは最初から国家の手で行はれたから、彼等は至って平和的で、倭寇《わこう》などのやうに、掠奪《りゃくだつ》をしたことが少なく、従って其処《そこ》には《旅の恥はかきすて》といったやうな鎖国的の俚諺《りげん》がない。かうして

孤島苦の琉球史

島民の生活を豊富にしてくれる君主を古琉球人は《にが世《よ》あま世《よ》なす君《きみ》》（世並《よなみ》の凶《あ》しきを吉《よ》きにかへす君）と謳《うた》ひ、かうして貿易に従事した人を《世《よ》なれ神《かみ》》（時勢に通じた神）と称《たた》へた。免に角、あの神話にあらはれた孤島苦が、かれらの生活基調となって、そこから琉球史が展開して行くと思ったら、間違ひがない」と。比嘉春潮によれば、この「孤島苦」という言葉は、一九二一年（大正一〇）一月に来沖した柳《やなぎ》田《た》国《くに》男《お》が、「世界苦と孤島苦」という題で講演してから、沖縄でもゆきわたったらしく、伊波もおそらくそれをかりて、自分の著書にも『孤島苦の琉球史』（一九二六＝大正一五年刊）と名付けたのであろう。しかも、同書の扉には「私達は歴史によって圧しつぶされてゐる」というグルモンの言葉が書きこまれているように、南島の自然と人為＝政治の暴力によって押しつぶされてきた「琉球史」の重苦しさを、伊波は「孤島苦」という言葉で表現したかったのである。

第四に、その「偉人」観に示される、伊波における理想主義と現実主義の独特の「調和」観であり、歴史観であった。これについては、すでに伊波のいわゆる「三偉人」、すなわち、向象賢・蔡温・宜湾朝保をとりあげた際に、われわれがくどくどとのべてきたところである。さきの『孤島苦の琉球史』で伊波が指摘した「にが世あま世なす君」という考え方も、その「偉人」観の延長線上にあった。伊波の『孤島苦の琉球史』が書かれた前後、すなわち大正末期から昭和初期にかけての沖縄は、第一次世界大戦後の不景気＝戦後恐慌の波をまともに受けて、いわゆる《ソテツ地獄》とよばれる不況に見舞われた時期にあたっていた。伊波によれば、《ソテツ地獄》という窮状の原因も、近くは琉球処分以後の中央政府の「搾取政策」、遠くは島津の「奴隷制度」に由来するという。であるから、「沖縄県民は自分の手で自分を救ふべき時期をとうに通りこして」おり、かれらに向かって「自分で自分を救はなければならぬ」というのは、「瀕死《ひんし》の病人に向かって、汝床《なんじとこ》を取りて歩めといふのと同じことで、断じて彼等を救ふ所以《ゆえん》のものではない」ともいう。つまり、「外からの救済」が必要だ、というのである。なるほど、伊波が『孤島苦の琉球史』を書いたころの沖縄は、労働運動・農民運動はやっとその姿を地平に現しはじめたばかりで、沖縄民衆の力は弱かった。伊波が、沖縄県民は自分で自分を救うことができないといい、「外からの救済」の必要を説いたのも、こうした民衆の力量の未成熟という時代的制約も、むろんあったであろう。伊波が「孤島苦」からの「救済」を「偉人」に期待するという歴史観も、そのような背景のもとで形成され、説かれたものかもしれない。だが、伊波のこのような「偉人」観ないし歴史観は、歴史を創造し、社会を進歩に導く原動力としての、民衆のエネルギーに対する評価の欠落と、表裏の関係にあったと思われる。伊波のそのような歴史認識は、ずっとあとの『沖縄歴史物語』（昭和二二年刊）においても継承されており、そこではむしろ誇張されさえしているように見える。

第五に、伊波は沖縄史をつき動かすファクターとして、「支那思想と日本思想の衝突」というドラマを想定する。むろんそれは、沖縄の支配階級内部における、いわばイデオロギー闘争であった。

それを伊波のように「支那思想と日本思想の衝突」というシェーマでとらえてしまうのは、必ずしも穏当ではなく、かえってことがらの本質を見損なわせる危険もある、という点も指摘しておかなければならない。

第六に、伊波の歴史観を大きく規定するものとして、いわゆる「進化論」の立場がある。これは伊波の歴史観・人生観を支えている根本的な思想であると思われるので、項をあらためて検討することにしよう。

❖進化論の立場

伊波の初期（一九〇九年＝明治四二）の論文に「進化論より見たる沖縄の廃藩置県」というのがある。「沖縄在来の豚は小さいが、此の頃舶来したバークシャーは大きい」という書き出しではじまるこの論文は、題名の示す通り、「進化論」の立場から沖縄の廃藩置県＝琉球処分を論じたもので、四〇〇字詰め原稿用紙にして八枚ほどの短いものではあるが、かれの「進化論」的歴史把握を典型的に提示した最初の論文である。

さて、伊波は前掲論文のなかで、「明治十二年の廃藩置県は退化の途を辿《たど》ってゐた沖縄人を再び進化の途に向かはしめた」といい、廃藩以後、「沖縄人」と「内地人」、「士族」と「田舎人」との間に「雑婚が始まり、雌雄淘汰《しゆうとうた》が行はれ」つつあるのだから、「段々と理想的体格の子が生まれるのは当然のこと」だという。伊波はまた廃藩置県が、「栄養不良」におちいって「半死」の状態にあった琉球王国＝旧制度を破壊し、「琉球民族が蘇生」する機会をつくってくれた、という点を「寧《むし》ろよろこぶべきこと」であるといい、「我々は此の点に於いて廃藩置県を歓迎し、明治政府を謳歌《おうか》する」ともいっている。

伊波はまた同じ論文のなかで、丘浅次郎《おかあさじろう》の『進化論講話』（明治三七年初版）に出ている「フジツボ」の生態について説明した部分を引用しながら、それを廃藩以前の沖縄人の境遇とひきくらべている。「フジツボ」というのは、海岸の岩石や棒杭などの表面に付着している貝のようなもので、解剖学上・発生学上からは蝦《えび》や蟹《かに》と同じく甲殻類に属するが、蝦や蟹のように運動して餌をあさるのでもなく、岩などに固着して、一生涯動くこともない。それゆえ「フジツボ」を退化したものと見なすのであるが、その境遇における生存に適するという点では、蝦や蟹に決して劣るものではない——これが丘浅次郎の「フジツボ」についての説明の骨子である。

伊波はまた同じく丘浅の「優勝劣敗」についての説明をそのまま借用して、「世の中では通例優った者が勝ち、劣った者が敗れるといふが、優勝劣敗といっても我々が優者と見做《みな》す者が何時も必ず勝ち、劣者と見做す者が敗れるとも限らぬ。ただその場合に於いて生存に適する者が生存する」とスペンサーのいわゆる「適者生存」の立場をとる。

このようなものとしての「進化論」の立場から、まともに沖縄史の問題を分析した伊波のもうひとつの代表的な論文は、「沖縄県下のヤドリ―都市と農村との交渉に関する一考察―」という長大な論文である（大正一五年＝一九二六）。伊波のこの論文は、おそらく大正五、六年（一九一六～一七）の頃から手がけられた「屋取《やどり》」に関する研究の集約であり、その実証性において、また、分析の緻密《ちみつ》さ、ユニークさにおいて、伊波の数ある論文のなかで屈指の作であり、歴史家としての伊波の本領が発揮されている論文である。

伊波の言葉をかりていえば、「ヤドリの語義は宿りで、放浪者などが、農家に身を寄せて、暫《しばら》く其処に宿ったところから来たのである。そして、この名称は後で彼等が独立して、浜辺から山間などに建てた掘っ立て小屋にも用ひられ、いつしか、それが相集って出来た新部落の通称となった」という。要するに「ヤドリ」とは、窮乏化した首里の無禄士族が、農村に居を移して発生した集落である。それは、いわば「都落ち」した士族によって開かれた新しい農村であり、その士族たちは「居住人《きょじゅうにん》」ともよばれた。

さて、ここでのわれわれの主要な関心は、伊波の「沖縄県下のヤドリ」という論文の内容を微細にわたって紹介することにあるのではない。かれが、この論文のサブ・タイトルにつけた「都市と農村との交渉」を分析する時の視点、すなわち「進化論」の立場からの分析視点を検討することにある。伊波は同論文の中で、「優生学的」な観点を次のように披露《ひろう》する。

「農民の仲間入りをした当時、彼等が農民から軽蔑されたことは、前にも一寸《ちょっと》述べて置いたが、彼等も亦徒《いたずら》に其の血統を誇って、農民と結婚することを嫌った為に、已《や》むを得ず、最初の間近親結婚をしなければならなかった。ところが、屋取が経済的に発展するにつれて農村の女も自然屋取の男を好むやうになり、漸次屋取人の血液に農村のそれが混ずるやうになって、遂に新しい農民が出現するやうになった。即ち農民の労働に耐える力と都人の優美な心性とが混和して、優良種の発生を見るに至った」

沖縄の有名力士も、農村の品評会で優等賞をもらうのも、はたまた小学児童の成績上位者も、多くはかれらのなかから出ている、と伊波はいう。さらに伊波は、沖縄の農民は、「征服者なる首里人」から「経済的な搾取のみならず、血液の搾取まで」受けて、体格や容貌まで首里人にくらべ小さく醜くなったとものべ、首里士族の「ヤドリ」による農村移住は、「いはゞ四百年この方、《首里おやぐに》が農村から搾取したものに、多少の利子を附けて、返済するのだと思ったら、何の不思議もあるまい。これ、とりもなおさず衰頽《すいたい》しつつある農村に取っては、一種の血清《けっせい》治療《ちりょう》である」とものべている。

伊波のこの論文は、かれの多くの論著が「薩摩」対「沖縄」という関心からのみ視点が据えられたのに対し、沖縄内部における「都市」（首里士族、すなわち支配階級）と「農村」（農民、すなわち被支配階級）という階級的視点から分析され、しかも首里王府を「搾取の機関」として明確に位置づけている点で、伊波の歴史認識の新しい地平をきり開くかに見えた。しかしながら、伊波のこうした階級的視点も、「都市」と「農村」との「交渉」というシェーマから一歩も出ておらず、しかも、もっぱら「優生学」とか「民族衛生」とかの、いわゆる「進化論」的立場からの説明に終始して、ついには農民の体格や容貌の醜《みにく》さと、それを「血清治療」し、改良する首里士族＝支配階級の「優美な性情」を讃美する結果に終わっている（それがこの論文の主要なねらいであったとも思えない）。

ダーウィンの肖像

ところで、「進化論」であるが、これはいうまでもなく一九世紀なかばダーウィンの『種の起源』で確立された生物進化の理論であり、思想である。「進化論」はのちにスペンサーなどによって人間社会にも適用され、いわゆる、「社会ダーウィニズム」という理論＝思想を生んだ。日本でも明治一〇年代にはたとえば加藤弘之《かとうひろゆき》における「進化論」の受容があり、また、われわれがさきにみた丘浅次郎の『進化論講話』(一九〇四年=明治三七)は、「昭和年代にいたるまで非常にひろく読まれ、社会思想のうえにも大きな影響をおよぼした」という(八杉龍一『進化論の歴史』)。「明治後半より大正年代にかけて、社会主義者のあいだに進化論への関心がひろくみられた。幸徳秋水、大杉栄、堺利彦、山川均らは代表的である。進化論は進歩の一般的観念と結合していたし、固定的な先入観を打破して樹立されたというその歴史が、大きな魅力となっていたのでもあろう。だが他方、自然選択すなわち生存競争があって初めて社会の進歩もあるという論理は、社会主義への攻撃にもつかわれた」ともいわれている(八杉、同上書)。

当時、沖縄においても「進化論」は「時代の新思潮」として若い知識人たちの注目をひいていた。たとえば、比嘉春潮は一九一五年(大正四)玉城《たまぐすく》小学校長に就任したが、「校長は、週一回だったか、高等三年生の修身の時間を持つならわしだったが、私は授業は早々に切り上げて、ダーウィンの進化論をやさしくして聞かせたりした」という(『年月とともに』)。

伊波の場合、「進化論」の思想はどのようなものとして受容されていたのであろうか。「社会進化論」は、一方では社会の進歩の観念と結合していたが、他方また「優勝劣敗」・「弱肉強食」の理論は、一九世紀のヨーロッパ列強によるアジア侵略を合理化し、正当化する「理論」ともされた。むろん伊波における「進化論」は後者のようなものとしてではなく、社会進歩の観念と結合したものとして受容されていた。「生存競争」に耐えて生きのびるためには、みずからを「進化」の理法に順応させせなければならない。廃藩置県によって、せっかく「奴隷」の境遇から「解放」されながら、依然として沖縄人はその「自由」の味を知らないし、知ろうともしない。沖縄人は、まずなによりもその内なる「奴隷根性」をたたき出さなければならない。「意志教育なるかな」と伊波は絶叫する。

このように伊波における「進化論」は、「琉球処分」を「一種の奴隷解放」すなわち進歩と評価する視点とかさなっており、沖縄人が、「本土の日本人」に伍してゆくためにも、心中の奴性を払拭《ふっしょく》し、「民族的自覚」をよびさまそうとする自由主義者・啓蒙家としての伊波普猷の人生観・社会観を根底において支えている思想であった。

❖河上肇との交流とアジア観

一九一一年（明治四四）四月、河上肇《かわかみはじめ》が旧地割《じわり》制度の研究調査のため来沖し、はじめて伊波と会って肝胆《かんたん》相照らし、伊波が自著『古琉球』への序文を河上に依頼したこと、また、河上が沖縄滞在中におこなった一場の講演が、はしなくも世論のごうごうたる非難をあびるという「舌禍《ぜっか》事件」をひきおこしたこと、などについてはすでに見てきたところである。この時、伊波が三六歳、河上が三三歳であった。

その後、伊波と河上との交流は、三〇余年の音信の断絶をはさんで、一九四三年(昭和一八)に再開され、河上が没する(昭和二一年一月、六八歳。伊波もその翌年八月、七二歳で逝去)直前まで続いた。その間、伊波は一九二五年(大正一四)に沖縄での生活をひきあげて東京での研究生活に没頭しており、一方、河上は一九二八年(昭和三)、二〇年にわたる京都帝大の教授職を辞し、社会主義者としての政治的実践に踏み入った。一九三二年(昭和七)、河上は日本共産党に入党、翌年検挙されて下獄、一九三七年(昭和一二)四か年近くの刑期を終えて獄舎を出た。そして一九四一年(昭和一六)には居を京都に移し、著述に没頭していた。一九四三年(昭和一八)の暮れに、伊波は京都に河上を訪問し、三〇余年ぶりの再会をとげる。伊波はその年の四月、かつて河上にその跋文《ばつぶん》を書いてもらった旧著『古琉球』の改定版を再版し、それをさっそく河上に送った(ただし、河上の跋文ははぶかれている)。そのほか、伊波は『沖縄考』・『をなり神の島』・『日本文化の南漸』など、民俗学的関心からまとめた近作の自著を河上におくり、また、翌一九四四年(昭和一九)にはデュルケムの『宗教生活の原初形態』(上・下二巻、岩波文庫)や『布哇《ハワイ》労働運動史』が伊波から河上に送られている。伊波はまた、郷里沖縄から送られてきた黒砂糖を河上に送ったりしている。その間の伊波と河上との交流については、比屋根照夫《ひやねてるお》が「伊波普猷と河上肇」という論文において、河上の『晩年の生活記録』を中心にしながら、くわしく紹介しているところである。一九三一年(昭和六)の「満州事変」

伊波普猷あて河上肇の書簡

の勃発から、一九三七年（昭和一二）の「蘆溝橋《ろこうきょう》事件」をへて、本格的な日中戦争に突入してゆく時局のもとで、ファシズムの嵐は日本をふきすさんだ。ファシズム体制下の思想弾圧が露骨におこなわれるなかで、弾圧に耐えて河上は社会主義者としての節を守り通した。そのような河上は、伊波へ累《るい》のおよぶのを恐れて、書翰をやりとりするのにも気をつかった。それだけに、こうした状況のもとで、伊波が敢えて「危険人物」たる河上との人間的ふれあい、交流をこまやかに深めていった背後には、伊波が河上の「思想」を理解し、支持したということよりも、実践家として嵐に耐えて節を守りつづけた求道者のようなひたむきな人間河上に、伊波はひかれていったのであろう。

伊波は、その最初の出会いのころに、河上から学恩を受けた。すなわち、河上の古代史に題材をとったひとつの論文が、はしなくも伊波の古代史研究に大きな示唆《しさ》と励ましとを与えることとなったのである。伊波は、一九二二年（大正一一）

に『古琉球の政治』という本を出しているが、その冒頭のはしがき部分で、そのことを次のようにのべている。

「琉球の歴史で、今から四百年前、即ち尚真王時代は、琉球種族の個性の最もよく発揮された時代であって、尚家はこの時代に琉球群島を政治的に統一したと同時に宗教的に統一した。この事実を先年土地制度研究の為に来琉された京都大学の河上博士にお話ししたら、博士は大さう興味を以て聞かれて、自分も亦日本史上でそれに似たやうな研究をしたことがあると言はれた。そしてお帰りになるとすぐ明治四十四年の一月に出た京都法学会雑誌を一冊送ってくださったが、その中に『崇神《すじん》天皇の朝神宮皇居の別新に起こりし事実を以て国家統一の大時期を劃すものなりと云ふの私見』といふ同博士の論文が載ってゐた。之を読んで、私はこの論文が私の尚真王時代の研究と同一筆法であることを見て驚いたと同時に、我々琉球種族の歴史が北方の宗家なる日本民族のそれに酷似《こくじ》してゐるのを見て面白く感じた」

つづいて伊波は、河上のこの「史論」の内容をくわしく紹介したうえで、本論にはいってゆく。本書は、伊波がその序文でのべているところによれば、一九一二年(明治四五)に「沖縄基督《キリスト》教青年会」でおこなった「古琉球の政教一致を論じて経世家の宗教に対する態度に及ぶ」という講演の筆記であるが、一冊の本として出すにあたって伊波は、「この小冊子をわが尊敬する河上博士にさゝぐ」という献辞を書きこんだ。

伊波はまた『古琉球の政治』のなかで、「物の理想は其れ自身の無くなることである」という河上の言葉を引きながら、次のようにものべている。


「河上博士はかって『日本独得の国家主義』といふ論文の中に、物の理想は其れ自身の無くなることであるといはれたが、これは実に味はふ可き言葉であると思ふ。如何なる美しい制度も其の使命を全うした暁には新しい制度に其の位置を譲って無くなるのが、制度其れ自身の理想であらう。然るに用が済んだ後まで、それが勢力を逞《たくま》しうすると、動《やや》もすると、その制度は牢獄と化して、人間を奴隷化するものである。それ故に物がそれ以上の物に進化するのは、やがて又其の物の無くなるといふことになる」（傍点は原文のまま）

時代は移り、思想も変わってゆく。それとともに制度も変遷してゆく。これが「進化」の理法であり、永遠不変の制度（国家もそうだ）というものはないのだ。「用が済んだ後まで、それ（制度）が勢力を逞しうすると、動もすると、その制度は牢獄と化して、人間を奴隷化する」と伊波は指摘する。廃藩置県は「琉球王国といふ旧制度」を破壊し、「日本帝国といふ新制度」のなかに沖縄人を「収容」し、「蘇生」させたと伊波はいう。

伊波は同じ本の結論の部分で、「私は日本民族及びその一支族なる琉球種族の歴史を研究して、端《はし》なくも一教訓を得たのである。いふまでもなく、現今の日本の状態は崇神天皇の時代及び尚真王の時代のそれに髣髴《ほうふつ》たるものがあるのである」と「古代史の与ふる教訓」を総括しながら、それを現代にひきおろし、重ね合わせて点検すべく、伊波の視軸《しじく》は「現今の日本の状態」へ、ひいてはアジアに向けて大きく回転する。

伊波のいう「現今の日本の状態」とは、次のようなものであった。

「半世紀前までは、日本の国家は血液的の国家であった。すなわち血液を同じうし、神を同じうするところの人民の団体であった。ところが明治になってから、二千年前南島に移住して、変種になった琉球人が、其の団体の中に這入《はい》って来た。そればかりではない、これから少し前に、全く人種を異にするアイヌも這入って来た。それから近年になっては、馬来《マレー》人も、支那人も、朝鮮人も這入って来た。そして日本の政治家は、今やこれら素性《すじょう》の全く異なった異民族を包容して、一大国民を造らうとしてゐる。これ実に国史あって以来の一大時期である。そして政治的に之を統一したところの日本人は一歩進んで之を精神的に統一しようとしてゐる」

すなわち、日清戦争（一八九四～九五）による台湾の領有、さらに「日韓併合《にっかんへいごう》」（一九一〇年）による朝鮮の領有、これらアジア諸民族に対する日本の徹底的な同化政策＝植民地支配を、伊波は危惧《きぐ》し、批判しているのである。伊波によれば、「文化の程度が進んで同類意識の念が強くなってゐる今日、被征服者が喜んで征服者と結婚を通じ、自分の神話伝説を容易《たやす》く棄てるとは考へられない。又仏教や基督《キリスト》教の信仰によって、彼等が征服者に対して俄《にわか》に同胞感を起こすとも思はれない。かういふことは二千年前の羅馬《ローマ》人が試みて見事に失敗してゐる」のだ。伊波はまた、「私はこの頃朝鮮から帰った人から、大学の先生の日韓同祖論よりも、基督教の宣教師の同胞主義の説教よりも、ウィルソンの民族自決の宣言の方が、朝鮮人の心を動かすことが甚だしいといふことを聞いたが、ここは日本国民の一寸《ちょっと》考へなければならない点であると思ふ。さて日本人はかういふ異民族等を如何にして同化しようとするか」（傍点は原文のまま）、と問題を提起する。

伊波は、日本の台湾や朝鮮に対する植民地的な支配そのものを真正面から、歯切れよく批判し、非難してはいない。とはいえ、何よりも民族的な「個性」を愛し、大事にしようとする伊波の眼からみれば、他民族からその固有の言語を奪い、文化を抹殺して進められる同化政策は、無暴のきわみであり、必ず失敗する、と叫ばずにはおれなかった。それは、沖縄の歴史を研究して得た伊波の結論であり、確信であった。それはまた、現実政治との直接的なかかわりをつとめて抑制し、つまりは政治的実践との間にたえず一定の距離をおいて、学問の道を進んだ伊波にとっての、いわばせいいっぱいの発言であったともいえよう。その点からいえば、伊波と河上とはそのゆき方があざやかな対照をなしており、それだけに伊波は、自分にはできなかった政治的実践の道を、ひたむきに歩む河上を尊敬し、敬慕したのでもあろう。そのことはまた、当然のこととして、伊波がマルクス主義者としての河上の学問や思想から学ぶものに、一定の限界を付すこととともなった、ということもうなずけよう。

晩年の伊波は、マルクス主義に接近したといわれている。おそらく伊波は、河上肇の著作を通して、また、その晩年には直接的な交流を通して、マルクス主義ないし唯物史観の何たるかをも学んだはずである。たとえば、一九二六年（大正一五）に出した「孤島苦の琉球」という論文のなかで伊波は、「《人の意識が人の生活を決定するのではなく、その反対に人の社会的生活が人の意識を決定する》といふ唯物史観が真理であるとすれば、私が長たらしく述べたところの三百年間の島津氏の搾取制度が彼等（沖縄人）の県民性を馴致《じゅんち》したことを知らなければならぬ」とのべている。伊波が「唯物史観」について直接ふれたのは、おそらくこれが初めてであり、いわゆる大正デモクラシーのなかでの、伊波の思想的な深まりや広がりの軌跡を示していると思われる。しかも、すでにわれわれが見たように、同じ時期に書かれた「沖縄県下のヤドリ」が、一定の階級的視点を導入して分析されていた点で、伊波の他の論著には見られない一種の迫力をもった作品として結晶されていた。だが、これもすでにわれわれが指摘しておいたように、伊波は結局、このような階級的視点を一貫してつらぬきえなかったし、「如何なる社会も一足飛びに健全なる社会になることは出来ない。兎に角経過すべき所は経過せなければならない」という漸進主義、すなわち「進化論」の立場を一歩も出なかった。

このことに関して比嘉春潮は自伝「年月とともに」で、「(伊波)先生にはそれほど唯物史観に強い関心があるとも思えなかった」とのべている。伊波の諸著作を見る限り、すでに新里金福が指摘した通り、「伊波は自由主義者ではあっても、社会主義者ではなかったといってよい」のであり、(『沖縄の百年』第三巻)「伊波の思想の本質」は、終生変わらぬ「自由主義者」であった、というのが真実に近いと思われる。

民俗学との出会い

❖伊波普猷の上京（離郷）

ひとりの人間の思想の軌跡は、時に大きなカーブを描いてゆれ動いていることがある。一九一四年（大正三）頃から一九一八年（大正七）頃にかけての伊波の著述には、「進化論」的な立場からの方法論的アプローチと重なりあう形での、いわゆる日本同化志向的な発言が、かなり露骨にあらわれているように見える。伊波は、一九一四年（大正三）二月、病床で喜舎《きしゃ》場《ば》朝賢《ちょうけん》の『琉球見聞録』の公刊を喜び、その序文として「琉球処分は一種の奴隷解放也」という一文を寄せ、「琉球処分の結果、所謂琉球王国は滅亡したが、琉球民族は日本帝国の中に入って復活した」（傍点は原文のまま）、とあらためて「琉球処分」の意義を強調した。また、一九一六年（大正五）七月に、真境名《まじきな》安興《あんこう》との共著で出した『琉球の五偉人』のなかの伊波の担当部分「三偉人と其背景」のなりたちについて伊波は、「近代琉球の代表的政治家、向象賢・蔡温・宜湾朝保の三氏は、大正天皇御即位の大典に贈位の恩典に預ったが、この時私は、沖縄師範学校の偉人研究会で『三偉人と其背景』と云ふ講演をなすの光栄を荷《にな》った」といい、かれの論文が「三偉人」の「贈位の恩典」を記念しておこなった講演（のテキスト）である、と説明している。しかも、伊波にとってこれら三人が沖縄史上の「偉人」であるゆえんは、いずれも沖縄の日本への「国民的統一」＝「解放」を予見し、その見通しのうえに立った「政治」をおこなったからにほかならなかった。『琉球の五偉人』が公刊された翌々一九一八年（大正七）二月には、伊波は『沖縄毎日新聞』紙上に「沖縄女性史」を連載したが、そのなかでも伊波は、「沖縄に於いて何よりも急務なのは言語・風俗・習慣を日本化させることだ」とのべた。

伊波における日本同化志向は、かれの学問研究の出発点であり前提でもあった「日琉同祖論」と軌を一にするものであった。また、一八九三年（明治二六）九月に創刊された沖縄で初めての新聞『琉球新報』が、その創刊の趣旨を「国民的同化」においていたことはよく知られており、編集方針もたとえば、「我が県民をして同化せしむるということは有形無形を問わず善悪良否を論ぜず、一から十まで内地各府県に化すること類似せしむることとなり、極端に云へばクシャメすることまでも他府県人の通りにすると云ふにあり」というように、徹底した日本同化志向を前面にうち出していた（大田昌秀『沖縄の民衆意識』）。伊波普猷の思想や理論も、このような当時の沖縄の思想界・言論界のなかで形成され、伊波自身もジャーナリズムで積極的な発言をおこなってきたのである（これについては後述）。

一九一〇年代なかば頃に伊波が露骨なまでに「日本同化」を説いたことに関しては、新里恵二も最近、「一九一〇年代―大正初期の伊波は、思想的には最も体制順応的だったのではなかろうか」と指摘している（『沖縄文化論叢』1、歴史編〈解説〉）。ただ、伊波がこの時期になぜ「最も体制順応的」な思想的傾斜を示したのか、いまのところ十分には明らかにしえない。この点についてのきめこまかな検討は今後の課題にしておきたい。

すでにのべたところであるが、一九二〇年代―大正末期ごろには、たとえば「沖縄県下のヤドリ」を分析する伊波の視点には思想的な深まりが読みとれた。また、河上肇とその学問を通して、マルキシズムへの理解をもつことができたし、大正デモクラシーのなかで、伊波の思想にも一定のひろがりと深まりを見ることもできた。

だが、伊波はマルキストではなく、あくまでデモクラットとして、みずからの軌跡をふみ出そうとはしなかった。このような伊波の学問姿勢や社会的な啓蒙活動を、正面から批判し、非難する青年たちも伊波のまわりには育ちつつあった。加えて、啓蒙家として古い因襲からの婦人の解放を説く伊波自身が、その古い因襲をもつ社会から逆襲を受けるハメにおいこまれた。伊波は、婦人に離婚をすすめ、家庭争議のタネをまきちらしているという非難である。いまや

折口信夫（『折口信夫全集』より）

啓蒙家としての伊波は、孤立無援の窮地に立たされていた。「恰度《ちょうど》其の頃（一九二二年＝大正一〇）、柳田国男《やなぎたくにお》先生が沖縄にやって来られて、学界に対する義務として、多年研究した『おもろさうし』の校訂をするやうに慫慂《しょうよう》されたのは、私（伊波）の一生にとって忘れることの出来ない大事件だと思ひます。この刺戟《しげき》によって私はもとの学究に立ち返る決心をしました。そしてオモロの校訂中に、私の研究熱は再燃して、その完成する頃には、私は再び純然たる一学究になってゐました」（『琉球古今記』序文、一九二六年）。伊波にとって、民俗学者柳田国男との出会いは、かれの生活と学問の新しい転機となったのである。

こうして伊波は、柳田国男や折口信夫《おりくちしのぶ》らに牽引され、導かれながら、年来の宿題であったオモロ研究に没頭すべく、上京を決意した。

一九〇六年（明治三九）、三一歳のとき東京大学を卒業、一個の郷土研究者として帰郷してから、その上京までほぼ一九年。これが伊波の現地での沖縄研究の期間であった。その間、伊波は県立沖縄図書館の初代館長のポストにいて、郷土史料の発掘・収集の仕事を精力的に進めるかたわら、郷土史に関する研究にも熱を入れ、その成果を地元の新聞に発表し、また、単行本として公刊した。このような研究活動と並行して、伊波は県内各地をまわって方言で「民族衛生」の講演をおこない（回数三六〇回以上）、研究成果を農村・僻地《へきち》の民衆にも還元していこうとしている。こうした沖縄での研究活動や啓蒙家としての社会活動に終止符を打って、伊波はその生活基盤を東京に移すこととなった。

❖沖縄研究の高揚

伊波は『琉球古今記』の自序で、「幸か不幸か、（大正）十三年（一四年の誤り）の春、私は思ひがけずも、東都で生活しなければならないやうになりましたが、この時東都では、南島研究の気運が漸次高まりつゝある時でした」とのべている。

同じ時期に出された『孤島苦の琉球史』のなかでも、伊波は「今日は琉球研究熱が非常に高まって参りましたが、是は多分日本で琉球研究が盛んになった第二回目であらうと思ひます」とのべ、第一回目は徳川時代の新井白石や荻生徂徠などの研究であったが、かれらは直接沖縄を訪れたわけではなく、沖縄に関する中国人の記録や江戸上りの琉球使節たちからの聞き書き程度のものであったから、「今日から見ると、あきたらない」ものであった。「ところが此の頃盛んになった琉球研究と徳川時代のとの間には大した違ひがあるやうです。柳田国男先生などはわざわざ琉球まで行かれました」といい、つづけて伊波は次のようにのべている。

「今日の琉球研究も或いは一つの流行であるかもしれませんが、願はくば是が単なる流行に終わらないで、今後ずっと続いて行くことを希望して已まないのです。琉球と云ふ処はあゝ云ふ風に隔離された処で、而も、日本民族の遠い分かれであって、古代生活の様式を余計に保存して居るところの島ですから、之を完全に研究することによって、国語或いは国史に関する新しい見解も出て来るんだらうと思います」

さきにあげた伊波の二つの著作、『琉球古今記』と『孤島苦の琉球史』は、いずれも上京の翌年（一九二六年）一〇月に公刊されたものであるが、伊波にとってこれら二著は、これまでのかれの史論的アプローチから生み出された成果を集約し、いわば名刺がわりに本土の学界へ投じたものであった。伊波によれば、前者は「南島人の精神生活の一記録」であり、後者は「南島人の物質生活の歴史」として、両々相まって「南島研究の入門」書をなすはずであった。

さきの引用文のなかで伊波が指摘していたように、伊波の上京前後に見られた沖縄研究熱の新たな高まりは、一九二一年（大正一〇）に民俗学者柳田国男が沖縄を訪れ、その採訪旅行記である「海南小記」が、同年三月から五月にかけて『朝日新

柳田国男（沖縄タイムス『比嘉春潮全集』より）

聞』に連載されて民俗学者たちの注目を集めたことが機縁となった。ひきつづく折口信夫の第一回沖縄訪問をはじめとする、民俗学者たちの沖縄採訪旅行などによって、沖縄への学問上からの関心が高まっていった。

ところで、本土における民俗学者たちの関心を集めていた大正末期から昭和初期にかけての沖縄は、第一次世界大戦後の不景気＝戦後恐慌の波をまともに受けて、いわゆる「ソテツ地獄」のどん底につきおとされ、疲弊しきった時期であった。伊波が『孤島苦の琉球史』で「外からの救済」を叫んだのも、この時期であったが、そういう伊波自身も、この時にはすでに東京に居を移していたのである。本土の民俗学者たちの関心が沖縄に向けられたのも、ひとつにはこうした沖縄の疲弊、つまりは「孤島苦」にさいなまれつつある沖縄民衆への限りない同情と、そこまで追いこんだ中央政治に対する一定の批判眼に支えられてはいたが、結局はかれらの関心はそこどまりであり、「研究」から現実的実践への方向を打ち出すことができず、政治的観点を欠落させたままの、文化主義的偏向におちいっていた。

上京後の伊波の研究も、民俗学的関心からのオモロの研究に主眼がおかれるようになる。比嘉春潮によれば、上京後の伊波は、「柳田先生や折口博士の影響もあって、(伊波) 先生のおもろ研究はおもろの中に民俗学的資料をさぐる方向に向かい、傍証資料を『琉球国由来記』や『琉球国旧記』に求めつつ、南島の古代祭祀《さいし》に関する研究に没頭された」という。

南島談話会のメンバー　（前列右より柳田国男、金田一京助、伊波普猷、一人おいて比嘉春潮、沖縄タイムス『比嘉春潮全集』より）

　また、最近新里恵二も上京後の伊波の研究業績に関して、次のように指摘している。「たとえば、伊波普猷の業績に即していえば、明治四〇年代から大正にかけて、伊波が沖縄にいたころ書いた論文のなかには、学問的な体系としては幼かったとしても、行論の底を流れる一種の現状変革の情熱のようなものが感じとれる。ところが、伊波が大正一四年に上京して、『おもろさうし』と沖縄の固有信仰の解明に専念するころになると、伊波の書く論文は、学問的には精緻《せいち》なものとなりながら、現実の沖縄県民の苦悩を必ずしも反映していないものになっていたのではなかろうか」と。おそらくその指摘の通りであろう。

　ともあれ、伊波の上京＝離郷はけっして「沖縄」からの脱出ではなく、伊波にとっては「沖縄」の再発見への旅であった。伊波の眼は、片時も「沖縄」を離れることができなかった。伊波の眼は、しかし今やオモロに釘づけにされ、すべてのエネルギーは古代社会の解明へと注がれていった。誰のために、何のために。伊波には立ちどまって、このように自問自答する時間さえ惜しまれるかのようであった。伊波はそこから、何を発見し、どんな新たな飛躍を試みようとするのか。

時代と社会は、ようやく戦時色に色濃く塗りこめられつつあった。伊波はわきめもふらずオモロと沖縄の古代祭祀の研究に没頭し、その成果を次々と学界に投じていった。一連の研究にひとくぎりつけた伊波は、思い出したかのように、一九四三年（昭和一八）五月には大阪に旅行し、一二月には京都に河上肇を訪問して、三〇余年ぶりの再会を遂げる。ひきつづく日本の敗戦を迎える中で、伊波は東京での二〇年におよぶ研究生活を、夢から醒《さ》めたように反芻《はんすう》した。自分が得てきたものは何であったのか。いまいちど沖縄にいたころとつなげて、研究者としての四〇年の足跡をふりかえってみなければならなかった。

❖遺著『沖縄歴史物語』

伊波普猷の生涯をかけての学問の本領は、かれ自身の言葉をかりれば「琉球の万葉集ともいうべきオモロ」の研究にあり、「オモロの光で琉球の古代を照らして見る」ことにあった。そのような意味では、伊波の学問姿勢は、沖縄にいたころも、上京後も、一貫して変わっていなかったといえる。比嘉春潮がいっているように、伊波は「おもろの研究に生涯を捧げた学者」であった。

だが、その方法論なり、論点のおき方の点で、上京以前と以後とでは、明らかなちがいが見られる。すなわち、沖縄にいたころの伊波には、沖縄の原始・古代から近代までを、通史的に体系化して把握しようとする傾向が強く読みとれるのに反し、上京後の伊波の関心は、個別的事象の民俗学的見地からの考証に中心が据《す》えられている。

たとえば、伊波は一九二八年（昭和三）九月に『沖縄よ何処へ―琉球史物語―』という本を出している。これは、かれが同年ハワイ在留県人の招きで、ハワイ諸島各地で沖縄史を講演したときの、テキストとして書かれたものであり、上京後にまとめられたほとんど唯一の史論風の沖縄通史であるが、これとても『孤島苦の琉球史』や『琉球古今記』の圧縮版、ないしそれらの引用で埋めつくされたもので、全く新鮮味のないものとなっている。また、かれの最後の著作である『沖縄歴史物語』（一九四七年刊）も、そのかなりの部分、とりわけ島津侵入以後から大正期までの叙述は、『沖縄よ何処へ』をほとんどそのまま下敷きにしたものである。

それにひきかえ、かれの民俗学的関心からのオモロ研究はひときわ精緻をきわめ、その業績はたとえば『をなり神の島』（一九三八年）・『日本文化の南漸』（一九三九年）・『沖縄考』（一九四二年）などとなって次々と世に送られた。またそのほかに、沖縄にいたころの『琉球聖典おもろさうし選釈』（一九二四年）についで、『校訂おもろさうし』（三冊、一九二五年）・『校註琉球戯曲集』（一九二九年）・『南島方言史攷』（一九三四年）なども出されている。

だが、ここでわれわれはもう一度、かれの最後の著作『沖縄歴史物語』をじっくり点検してみる必要がある。同書は一九四七年（昭和二二）七月九日の脱稿となっており、つまり伊波が

『沖縄歴史物語』（沖縄青年同盟版）

脳溢血《のういっけつ》で倒れるひと月ほど前まで書きつづけられたもので、「日本の縮図」というサブ・タイトルが付されている。『沖縄歴史物語』をわれわれが重視したいのは、たんに伊波の最後の著作であるというだけではない。戦中をほとんどオモロ研究に没頭してきた伊波が、日本の敗戦と敗戦による沖縄の日本からの切断という現実のもとで、同胞の運命の上に思いをはせながら、一個の研究者としての過去をふりかえり、将来を予見しようとする、一種の緊張感をともなうなかで書かれていること、その意味でも、そこには歴史家としての伊波の思想が集約されているものと考えるからである。

われわれはさきに、『沖縄歴史物語』のかなりの部分の叙述が『沖縄よ何処へ』をほとんどそのまま敷き写したものであることを指摘しておいた。だがその前に、『沖縄よ何処へ』から『沖縄歴史物語』へとつらなる伊波の歴史思想の軌跡を浮き彫りにするために、後者の叙述上の特徴に即して三つの部分に分けて検討を進めよう。三つとは、第一に氏族共同体社会（マキヨ制度の時代）から政治的社会（階級制度＝古代国家）の成立時期をとりあつかった部分、第二は島津侵入とその支配、および「琉球処分」をへて大正期までの叙述、第三には、戦中から戦後にかけての時期、とりわけ敗戦直後の沖縄人の「境遇」にふれた部分の三つである。

第一の部分、つまり沖縄の原始から古代（島津侵入以前）にかけての叙述は、『沖縄よ何処へ』では全体の三分の一足らずの分量を占めているにすぎなかったが、『沖縄歴史物語』では、それが二分の一以上の比重を占め、しかも『日本文化の南漸』・『沖縄考』など、伊波の戦中のオモロ研究を通して得られた豊富な実証的成果がおりこまれていることが、ひときわめだつ。もっとも仲原善忠は、「古代史を論ずるにあたって、現代の考古学・人類学等の知見を度外視し、言語学だけで押し切ることは、どうかと考えられるし、又歌謡の破片をよせあつめて、歴史を組み立てると云う方法も賛成出来ない」と批判している。しかし一方、伊波は、ここでは「古琉球」という従来のあいまいな表現をすてて、「日本に於ける国家の起源の問題」に関する当時の日本歴史学界の研究成果に学びながら、沖縄における古代国家の形成過程を論証しようとしている。むろん伊波が、「十一世紀の中葉以降、時を置いて南漸した、《大和の戦》（為朝渡来伝説にみられるような―引用者）の侵入によって、遂に封建社会の出現を見るに至った」とこの時期の沖縄に「封建社会の出現」を想定しようとすることの「推測」の性急さには問題は残るとしても、氏族社会から古代的階級社会＝古代国家の形成過程を、オモロを手がかりに、歴史的に実証しようとする伊波の史観は生々としてダイナミックでさえある。

第二の島津の侵入と二六〇余年にわたるその支配、および「琉球処分」をへて大正期に至る、近世・近代に関する『沖縄歴史物語』の叙述は、すでに指摘しておいたように、『沖縄よ何処へ』からのほとんどそのままの形での敷き写しであった。むろん、ある箇所について若干の事実的補足がおこなわれてはいるが、第一部分のあの重厚な加筆にくらべ、ここでの伊波は、沖縄にいたころのものに書き足す新しい事実も、視点ももたなかったかに見える。島津は沖縄に「奴隷制度」をもちこんで、沖縄人を徹頭徹尾「搾取」した、と伊波はくりかえす。しからば、どのように「搾取」したか。依然として伊波は自説を実証する経済史的分析をネグレクトしたままである。「琉球処分は一種の奴隷解放なり」とも伊波はくりかえす。その「解放者」であったはずの明治政府＝本土政府が、なぜ沖縄人を「差別」し、「搾取」して、《ソテツ地獄》へと県民を追いこみ、ついには悲惨な「沖縄戦」の犠牲に供さなければならなかったのか。伊波は歴史家として真剣に答えようとしていないかに見える。換言すれば、伊波の「島津の琉球入り」とその支配および「琉球処分」に対する歴史評価は、沖縄にいたころも上京後も、もしくは戦前・戦中・戦後を通して一貫して変わらず、伊波における一種の固定観念、ないしは確信をなしていたものと見られる。しかも、それが現実にかかわる時、伊波は必ずしも自己の論理の矛盾―それはまた、沖縄の近代がかかえこむ矛盾でもあったのだが―を、深くほりさげることを怠ったかに見える。

第三の部分、つまり、戦中から戦後にかけての『沖縄歴史物語』の叙述は、むろん『沖縄よ何処へ』（一九二八年刊）にはとりあげられてなかった時期をとりあつかったものであり、上京後の伊波がオモロ研究に没頭していた時期から、戦争で焼き出されて物資欠乏の中で死ぬ直前までをふくんでいる。ページ数でいえばわずか数ページが費やされているにすぎない。伊波はそこで、「極端な国家主義・軍国主義」がはびこるなかで、「人民の生活を無視した軍備拡張」がすすめられ、ついには「底なき泥沼に足をつっこむ」に至った日本のおろかさ、無暴さを指摘しているかに見える。また、そのような「日本の情勢」のもとで、「愛国心は羅馬《ローマ》を去るに従って強し」よろしく、たとえば標準語の奨励（むしろ強制）策として方言の撲滅を叫んだ沖縄の指導者の誤り、おろかさを指摘する。ひきつづく日本の敗戦、沖縄の「日本政府の管轄」からの分離と「米国の軍政」下への移行について、伊波はふれる。かれはまた、一九四六年六月、日本を訪れた米国新聞人一行に語った次のようなマッカーサー元師の談話の一節を引用している。

「沖縄諸島はわれわれの天然の国境である。米国が沖縄を保有することにつき、日本人に反対があるとは思へない。なぜなら、沖縄人は日本人ではなく、また、日本人は戦争を放棄したからである。沖縄に米国の空軍を置くことは、日本にとって重大な意義があり、明らかに日本の安全に対する保障とならう」

伊波は、マッカーサーのこの談話を引用しながら、「正に《御教条》（蔡温）の第一章を連想させるもので、しかもその中には沖縄人の行くべき方向を示唆したところがある」と意味深長なコメントを付しているだけである。つづけて伊波は沖縄の帰属問題と沖縄人の立場についてのべる形で、次のような言葉で『沖縄歴史物語』を結んでいる。

「さて、沖縄の帰属問題は、近く開かれる講和会議で決定されるが、沖縄人はそれまでに、それに関する希望を述べる自由を有するとしても、現在の世界情勢から推すと、自分の運命を自分で決定することの出来ない境遇におかれてゐることを知らねばならない。彼等はその子孫に対して斯くありたいと希望することは出来ても、斯くあるべしと命令することは出来ないはずだ。といふのは、置県後僅々七十年間における人心の変化を見ても、うなづかれよう。否、伝統さへも他の伝統にすげかへられることを覚悟しておく必要がある。すべては後に来る者の意志に委《ゆだ》ねるほか道がない。それはともあれ、どんな政治の下に生活した時、沖縄人は幸福になれるかといふ問題は、沖縄史の範囲外にあるがゆゑに、それには一切触れないことにして、ここにはただ地球上で帝国主義が終わりを告げる時、沖縄人は「にが世」から解放されて、「あま世」を楽しみ十分にその個性を生かして、世界の文化に貢献することが出来る、との一言を附記して筆を擱《お》く」

伊波のこの結論の部分は、伊波にしてははなはだ歯に衣を着せた表現となっており、伊波がそこで何がいいたかったのか、必ずしも明確でなく、それだけにしばしば問題となるところで

ある。㊟

以上、われわれは伊波の遺著となった『沖縄歴史物語』の叙述と、そこにおける特徴を見てきた。最後にもうひとつ付言しておかなければならない。それは同書全体にわたって「琉球」という用語を排し、「沖縄」に統一されていることである。むろん、たとえば「琉球王国」とか「琉球国王」などといった用語は（「沖縄王国」・「沖縄国王」に換えるとかえっておかしくなる）そのままであるが、その他はできるだけ「沖縄」という用語にわざわざあらためているところに、伊波の意があったのだろう。

伊波は戦後まもなく、比嘉春潮らとともに「沖縄人連盟」（比嘉春潮によれば、「われわれが連盟を作る目的は、本土在住の沖縄出身者が郷里にいる生存者を知ること、至急に通信交換および金銭や救援物資の送付ができるようにすること、沖縄戦の実相を知ることの、三つが主であった」という）の結成に加わり、その初代会長を務めたこともあった。こうした現実が要請する社会的・政治的実践にかかわりをもつなかで、伊波の研究にもあらたな地平がひらけてきたかもしれない。そういう可能性を秘めたまま、伊波は、あの意味深長な言葉をのこして、七二歳の生涯を終えたのである。

㊟伊波は「沖縄人連盟」の初代会長に推されて就任したが、ある人から「連盟は共産党員が牛耳《ぎゅうじ》っているのではないか」という風評が一部にはあるがどうか、という質問に対し、伊波会長は、「連盟は大衆的組

織であり、凡べてを民主的にやってゐる。……共産党云々といふが政治的見解は各自の自由であり、連盟員も個人としては社会党あり自由党あり進歩党あり、又共産党に属するものがあるのは勿論である。が連盟が一党一派に偏した方針や行動を採ったことは事実に於いてないのである。……今日共産党は公認された政党であり、共産党といへば何か悪い事でもするやうに思った時代とは時代が違ふ」と答えている。

また、「連盟は沖縄の独立運動をしてゐるなど、いってゐるさうですが」という質問に対しては、「それも矢張りデマだよ。一体独立とか何とか今こちらで問題に出来るか。……沖縄帰属の問題は連合国の方で決定するのであり、将来郷里在住沖縄人の一般投票に問ふことになるかも知れないが、それは吾々こちらにゐる人々の現在の問題ではない。連盟が独立運動をするなどあり得ないではないか。共産党云々といひ独立運動云々といひ、一部の連中が連盟にケチをつけようといふデマだよ」と答えた（『自由沖縄』第九号、昭和二十一年八月十五日）。

伊波普猷の批判と継承

❖戦後における沖縄研究

伊波普猷は、沖縄の「帰属問題」がきめられるであろう講和会議を前に、不安と新しい方向を模索しながら、「すべては後に来る者の意志に委ねる」といい残して、死んだ。

伊波なきあと、沖縄研究は比嘉春潮・仲原善忠・金城朝永らに引きつがれ、再出発することとなった。戦後の沖縄研究は、伊波が多年苦労して築いた業績の上に立って、あるいはそれに導かれながら、開始され、続けられてきた。

戦後の沖縄研究は、このようにまず東京にいる沖縄県出身の在野の研究者たちによってになわれ、開始された。それはまずなによりも、本土からひき離された沖縄を学問研究の場にとりもどし、本土と沖縄の絆《きずな》を回復しようとする研究者たちのパトスに支えられていた。また、まぢかにせまった講和会議を前に、日本国民に沖縄の実情を知らせるための、現実的要請にこたえ

比嘉春潮

金城朝永

ようとする啓蒙的な意もこめられていた。さきにあげた「沖縄人連盟」の文化活動の機関として設けられた「沖縄文化協会」が、かれらの研究活動や講演などの社会活動の基盤であり、母体であった。

この時期の研究者たちの地道な研究活動の中から、たとえば沖縄史の分野では、仲原善忠の『琉球の歴史』（一九五二～五三年、上・下二冊、中学生のためのテキストとして書かれたもの）、東恩納寛惇の『琉球の歴史』（一九五七年）、新里恵二らによる「現代沖縄の歴史」（一九五七年、『歴史評論』掲載）、比嘉春潮の『沖縄の歴史』（一九五九年）などとなって結実した。

一九六〇年代にはいると、東京での沖縄史研究は本土の歴史学界の成果を積極的に摂取しつつ、沖縄史を理論的に把握し、再検討しようとする気運が強く前面におし出されてくる。その代表的な提起者が新里恵二であり、新里は一九六一年に「考える沖縄歴史」を『沖縄タイムス』紙上に連載して、伊波普猷をはじめとする先人たちの業績をふまえ、点検しつつ、とりわけ沖縄史の時代区分の問題を科学的歴史学の立場から、精力的に追究した（一九七〇年に『沖縄史を考える』と改題して公刊）。一九六三年には、それまでの沖縄史研究の成果をふまえたすぐれた啓蒙書、入門書として、比嘉春潮・霜多正次・新里恵二共著の『沖縄』（岩波新書）が出された。

仲原善忠

一九六〇年代なかば以降からは、沖縄現地においても沖縄史研究が積極的に進められた。現地での沖縄史研究が、東京でのそれにくらべ、このようにたちおくれた最大の原因は、いうまでもなく今次大戦で貴重な郷土史料・文献が灰燼《かいじん》に帰してしまったことにある。太平洋戦争の最後の戦闘となった沖縄戦では、十数万の住民の生命が奪われたばかりでなく、家財・田畑を焼かれ、激戦地では山河まで一変した。むろん、多くの文化財も、あるいは焼かれ、あるいは破壊された。戦火に焼かれた焦土のうえに、日本からの行政分離と米軍による軍事占領支配という苛酷な状況のもとで、沖縄の戦後史ははじまった。ひきつづき、米軍による強制土地取り上げと軍事基地建設が進められ、一九六〇年代にはいるとベトナム戦争のエスカレートとともに、その前進基地・補給基地としての基地機能はますます強化され、県民の生活をおびやかし、不安も高まっていった。こうした中で基地に反対し、その撤去を要求する県民の運動は、祖国復帰運動と結びついて、一大県民運動に発展し、年々うねりのように高まっていった。

一方、文化活動の面では、たとえば琉球政府（現在沖縄県庁）による『沖縄県史』（明治以降の近代史資料）、那覇市における『那覇市史』の編集・発行が並行して進められ、沖縄史研究（とりわけ近代以降）のための史料が提供されるようになった。また、戦前には大学はおろか、高等学校のひとつも開設されていなかった沖縄に、戦後初めて琉球大学（現在国立大学）が創立され、それに本土の各大学で史学を修めてきた学徒もふくめて、戦前とは比較にならないほどの若手の研究者が生み出されてきた。一九六五年には沖縄史研究の中核をなす「沖縄歴史研究会」という研究団体も生まれた。こうして、ようやく沖縄現地においても本格的な研究活動が開始されていった。

以上、ややくどくどしく戦後の沖縄の状況をのべてきたのは、沖縄の研究者たちをとりまく条件をある程度おさえておきたかったからである。すなわち、沖縄の研究者たちは、みずからの歴史を調べるために、史料皆無の状態のなかで、まず史料収集から手がけなければならなかったのである。伊波普猷が苦心して集めた数千冊の郷土史料は完全に烏有《うゆう》に帰していたからである。また、戦後沖縄のきびしい状況は、それとかかわりなしに研究を進めることを研究者たちに許さなかったし、高揚する沖縄民衆の運動に支えられ、あるいは現実のさしせまった課題を見定めるなかで、自己の研究テーマを設定し、検証してゆかざるをえなかったのである。その意味で、政治問題としての「沖縄問題」が過熱化するとともに、沖縄の研究者たちに一種の政治主義的かたよりがおこったことも否めないし、また、当然であったともいえよう。現実の「沖縄問題」が、ある日突然ふってわいたものでなく、明治以来、否、慶長以来の長い歴史過程のなかで徐々に形成されてきたものであるという研究者の共通認識が、「沖縄問題」の根源とその解決の糸口を、歴史的にさかのぼり、ほりさげることによって、つかみ出そうとする研究姿勢を生み出していたのである。沖縄とは何か、沖縄（本土）にとって本土（沖縄）とは何か、といった問いかけは、沖縄史研究者の頭の中を絶えず去来していたのである。

このように、現実の問題と切実にかかわるなかで、研究を進めてゆかなければならなかった沖縄の研究者たちのあいだには、当然のこととして相互批判の場としての共同研究という新しい研究手法をとり入れさせていったし、そのひとつの成果が沖縄歴史研究会による共同研究『近代沖縄の歴史と民衆』となって結実した。また、こうした相互批判とあわせて、伊波普猷をはじめとする先人たちの業績を、いま一度ふりかえり、点検し、あるいは批判し克服する作業も、積極的に進められていったのである。

❖伊波普猷批判論

伊波普猷の学問や思想に対する批判は、すでに同時代人のなかからもおこっていた。そのひとつは、われわれがすでに見てきたところであるが、アナーキストたちの伊波普猷批判であった。すなわち、かれらは「階級的自覚」への展望を欠いた伊波の啓蒙活動・社会活動を批判したのである。そのような批判に対する伊波の態度は、かれらアナーキスト・グループから見れば、「急所を避けて、問題を脇へそらせる」ものであったという。いわゆる階級的観点が伊波に弱かったことは否めないだろうし、それは、社会主義者河上肇との直接・間接の交流を復活した晩年においても、変わりはなかったように思う。アナーキストたちのその点をついた批判に対して、伊波が「急所を避けて、問題を脇へそらせた」というのも、伊波には「階級的自覚」の高みまでみずからをもってゆけないかれ自身の「思想の本質」があったからではなかろうか。伊波はけっして社会主義者ではなかったし、自由主義者的啓蒙家としてのみずからの思想と立場に忠実であったのだといえよう。

伊波の学問と思想に対する同時代人のもうひとつの批判を紹介しておこう。それは「古琉球を読んで」と題する志賀進という人の批判である。志賀はそのなかで、伊波は労働者をねむりこませ、結果的に反動的な役割を果たしていると次のようにのべている。

「伊波氏は薩摩の苛酷な搾取と峻烈な監視から逃れた喜びのあまり、資本の搾取制度を深く見ず、沖縄民族がその手に這入《はい》った事を大変謳歌している。資本制度を謳歌する事は、労働者を搾取の下に喜んで屈服させることであり、眼醒めやうとする労働者に睡眠剤を与える結果になる。（中略）。伊波氏は意識的か無意識か知らぬが、其の結果に於いて明らかに反動的な役割を務めたことになる」（『琉球新報』昭和七年六月四日）

これは、「琉球処分は一種の奴隷解放なり」として、手ばなしで明治政府を謳歌し、讃美する伊波の「琉球処分」評価、ないし歴史認識に対してなされたものであろう。たしかに伊波の

「琉球処分」評価には、旧制度《アンシャン・レジーム》からの「解放」＝光明の面だけをことさらに強調し、あらたな「隷属」＝暗黒の面を全然見ようとしていないところがある。「琉球処分」＝廃藩置県によって旧制度＝「旧慣」は廃止されたのではなく、あらたな体制＝日本資本主義体制のもとで温存されたのであった。労働者階級の立場から、「資本の搾取制度」を問題にするかぎり、志賀の伊波批判はまちがってはいない。だが、伊波の『古琉球』が、沖縄の「眼醒めやうとする労働者に睡眠剤を与える結果」になり、したがって伊波は「結果に於いて明らかに反動的な役割を務めたことになる」というのは、あまりにも政治主義的な評価ではなかろうか。

同時代人による伊波普猷批判の二つの例をあげたが、いずれも伊波の「階級的」観点の欠落、もしくはあいまいさを問題にしたものであって、それじたい伊波の思想や学問全体にかかわる基本的なことがらにはちがいないが、それはある意味では伊波へのないものねだりであり、政治主義的な批判であることを免れなかった。

さて、学究としての伊波の学問や歴史評価に関し、学問研究の土俵の上での本格的な批判は、伊波普猷の死後のことであるが、仲原善忠によってまず提起された。仲原が、島津侵入の目的や動機、二六〇余年におよぶ島津の沖縄支配、さらには「琉球処分」についての伊波の歴史評価を批判し、仲原独自の評価を提示したことについては、われわれがすでに見てきたところなので、ここではくりかえさない。

つづいて新里恵二も、「考える沖縄歴史」という論文（一九六一年）のなかで、伊波普猷の「島津の琉球入り」および「琉球処分」の評価を問題にした際、当時の「琉球王国内の階級的矛盾」もしくは「階級的対立」を伊波が無視ないし、必ずしも正確にとらえていない点を指摘している。

新里恵二

しかし、この時期までの沖縄史研究者の伊波普猷像は、その業績とひたむきな学究としての伊波をたたえるところに結ばれており、仲原や新里のように、伊波の沖縄史評価に対する一定の批判が出てきてはいたが、伊波の「思想」にまで踏みこんで検討するまでにはいたっていなかった。一九六〇年代なかば頃から、そのような形での「伊波普猷論」が出はじめる。

いわばその口火を切った森田俊男は、「伊波普猷論―その沖縄学及び教育理論と実践―」という論文（一九六六年）で、伊波の学問やその業績を高く評価したうえで、伊波のもつ弱点や限界を次のように指摘している。「明治維新による琉球解放において、さらに天皇制絶対主義のもとで、また一転して、アメリカ占領下で『国民的統一』を真に闘いとっていくもの、としてのブルジョア階級、さらに労働者階級やそれと結びつく農民や勤労者諸階層、というものを伊波は、明確にはさし示しえなかった」と。森田はさらに、伊波が「当時の本土・沖縄の政治的思想的状況から制約をうけ、その解放の理論に、労働者階級やそれと結合する農民や知識人の力への展望がなかったことを当然だと考える」とものべている。

共著者のひとりである金城正篤も「伊波普猷試論」（巻末付録参照）という一文を草し（一九六七年）、前掲森田俊男の問題指摘をふまえながら、とくに「伊波普猷の歴史認識の検討」をおこなったことがある。そこでの金城の論点はほぼ次の四つの点に要約できる。第一、蔡温をその功績のみの評価を強調して「偉人」としての蔡温像をつくりあげたのは伊波普猷ではなかったかということ、第二、「琉球処分」を「奴隷解放」と規定する立場からは、明治絶対主義権力に対する有効な批判はできなかったということ、第三、伊波のいわゆる「偉人」観は一種の「英雄待望論」であり、それは伊波における「大衆不在」と表裏をなしていたのではないか、第四、伊波には「唯物史観」をみずからのものにすることのできないはっきりした自覚があったのではないか、といった点である。そこでは、どちらかといえば、これまであまり問題にされなかった伊波普猷のマイナス面を前面に出しすぎたきらいはあるが、本書でも、基本的な視点において踏襲されていることに、ここまで読みついでこられた読者はすでに気づかれたはずである。

金城のいわば性急な伊波評価に対し、批判の意をこめて書かれたのが、比屋根照夫の論文「伊波普猷の思想」であった（一九六八年）。比屋根のこの論文は「地方原理の創出とデモクラシーの地方伝播《でんぱ》」というサブ・タイトルが示すように「地方文化の個別独自性を中核として、沖縄の政治・経済・歴史等々を貫徹する政治的価値の優位性を否認し、文化的価値の再生、創出を志向する」という「伊波に於ける地方原理」の創出と「大正デモクラシーの地方伝播」という側面から、「伊波普猷の思想の諸相をとらえ直す」ことに論点をおいて書かれたものであった。そして比屋根は、伊波普猷のアジア観・民衆観・偉人観および社会進化論的観点などを点検しながら、伊波の思想が大正デモクラットたちと軌を一にするものであったことを明らかにした。

つぎに、仲地哲夫は「伊波普猷論覚書」という論文（一九七〇年）において、伊波没後まもないころからの「伊波普猷像」＝伊波に対するいろいろな人びとによる評価を総点検し、つづいて伊波普猷の「歴史理論」ないし歴史観が成立する前提としての、明治三〇年代の沖縄における「政治思想の基本的動向」をさぐったうえで、「伊波の基本的な《弱点》は、勤労大衆の現実生活の苦しみと政治的無権利の状態に目を向けることができず、どちらかといえば《有識階級》のレベルアップを重視したために、ついに全国的視野を持つに至らず、階級的観点を明確にすることができなかった点にあると考える」とのべた。仲地はまた、伊波が、「むしろ沖縄内部の《搾取者》を島津支配下の《奴隷》としてイメージアップすることによって、向象賢以来の日琉同祖論の現代版としての『国民的統一』の論理を完結させ」たともいい、このような伊波の歴史認識は「たしかに、沖縄の《個性》を尊重したという点では、必ずしも国家主義・軍国主義にストレートにはつながらなかったにはちがいないけれども、苦渋にみちた論理の《屈折》にもかかわらず、天皇制支配にスッポリとはまりこむ性格を強く持っていた、とはいえないだろうか」ともいっている。

以上は主として、沖縄史研究者の側から提起された問題点をみてきた。ここでは、伊波の歴史認識ないし歴史観の問題に論点をしぼって整理したため、その否定面、マイナス面を浮き彫りにすることとなったが、伊波の学問と思想は、かれの全業績をふまえたうえで、その肯定面、プラス面をも正しく評価しなければならないことは、いうまでもない。いずれにしても、そのような批判を通すことなしに、われわれは、伊波の学問的業績を正しく受け継ぎ、研究を発展させることはできないのである。

❖伊波普猷の「沖縄学」

最後に「沖縄学」のことにふれておかなければならない。

伊波普猷の沖縄研究は、かれの専門である言語学の分野からの方法論的アプローチを基軸にしながら、歴史学・民俗学・社会学など、さまざまな学問分野の方法論を用いて、おこなわれた。したがって、その学問的業績も多面にわたっている。伊波がおこなったこのような沖縄研究およびその業績をもふくめて、一般に「沖縄学」とよばれ、そのなかで伊波は「沖縄学の父」という名誉ある地位を与えられている。

「沖縄学」という言葉が、いつごろから、またどういう人たちによって使われはじめたかは、必ずしも明らかでないが、おそらく「支那学」・「エジプト学」などのよびかたにちなんで、民俗学の人たちの間で造語されたものと思われる。たとえば、一九二一年（大正一〇）および一九二三年（大正一二）の二度沖縄を訪れたことのある折口信夫は、一九二九年（昭和四）に出た島袋源七の『山原の土俗』に序文を寄せ、そのなかで「私の沖縄研究が、日本学に多少とも寄与するところがあるとすれば」云々《うんぬん》と書いているところを見れば、おそらく「日本学」に対する言葉として「沖縄学」という用法もこのころ一部の人びとの間で使われはじめたのであろう。一九四〇年（昭和一五）、かの方言論争の際に書かれた柳宗悦の「沖縄人に訴ふるの書」は、次のような書き出しではじまっている。「沖縄学の先駆者は、彼の著書の一つに題して『孤島苦の琉球史』と名づけた」。このころには、すでに「沖縄学」という言葉も、とくに民俗学界では市民権を得ていたものと思われる。

戦前の日本の民俗学者の間では、沖縄は「民俗学の宝庫」とか、「天然の古物博物館」といったふうに見られていた。べつの言葉でいえば、日本古代のさまざまな事象を解明する手がかりを、沖縄においてなお現実に民衆生活のなかで生きている民俗資料のなかに発見したのである。沖縄の民俗資料はすべて古代日本の脚注なのであった。沖縄人は日本民族の遠い分かれであり、沖縄の言語や文化は、長い歳月の間に地方的・独自的な発達をとげたかに見えても、日本のそれと同系・同質であることにかわりはなかった。これがかれらの確信であり、研究の前提であった。伊波をふくむ日本の民俗学者たちによって命名されたと思われる「沖縄学」は、以上のように、その初発から「日琉同祖論」を共通の認識として、その上に成り立っていたのである。

伊波における「沖縄学」が、その本筋において以上のようなものであったとしても、それにかける伊波の期待は、日本の民俗学者たちとはすこしちがっていたのである。それは、これまで多くの人たちによって指摘され、論じられてきたところであるが、「琉球処分」以後の明治政府の沖縄に対する差別政策を学問の場で批判してゆくということにほかならない。置県後の明治政府の沖縄県政は、たとえば島津以来の旧制度（土地・租税・地方統治などの諸制度）をそのまま継承し、温存・利用するということに典型的に示されたように、差別的な政策につらぬかれてきた。また、知事をはじめとする県庁の役人、学校の教員や警官から、商人まで、沖縄の政治・経済・教育の諸分野で他府県人がはばをきかせ、ややもすれば沖縄人を見くだす態度に出ることもあった。伊波自身も中学時代に仲間とともに、県のこうした差別的な文教行政に抗議して、ストライキをおこしたことがあったのである。そのときから伊波は、「侮辱された同胞の為に奮闘する決心をした」のである。伊波はみずからの学問研究から得た確信を、同胞に伝えなければならない。沖縄人とその言語は、日本人とその言語の遠い分かれであり、もともと同胞のあいだがらなのだ。「内地人」が沖縄人を差別視することはあたらないし、沖縄人が卑屈になることもない。沖縄史をひもとけば、鹿児島や江戸はもちろん、北京まで相手にした偉大な政治家もいたのである。日中両国の文化をとり入れてよく消化し、すぐれた文化を沖縄人は生み出したではないか。沖縄人は二千年前に手を分かった同胞と今やめぐりあったのだ。廃藩置県によって沖縄人は「奴隷の境遇」から「解放」されて「自由」の身になったのだ。

沖縄人よ、わが同胞よ、この大事な「自由」の味をじっくりかみしめて、再びみずからを「奴隷」の地位におとしめてはならない、日本人としての誇りをもつのだ、─伊波はこう叫ばずにはおれなかった。

伊波のこのような学問姿勢と啓蒙家としての役割が、いうところの日本同化志向であり、その意味で、政府─県当局の同化政策と軌を一にしつつ、内側からそれを補完する役割をになっていったという一面を指摘することは、それほどむつかしいことではない。しかも、ある時期の伊波が、「言語・風俗・習慣を日本化させること」を「沖縄に於いて何よりも急務」と説いていたことも、われわれがすでにみたところである。

だが、伊波の日本志向が、しいていえば沖縄の一部指導層の「中国志向」に対するアンチ・テーゼとして主張されたものであったという点は、強調しておかなければならない。べつの言葉でいえば、伊波の日本志向を「沖縄独立論」的な発想と対置してとりあげるのは、思想のもつ歴史性を無視した、性急で一面的な理解である、という批判を免れないのではなかろうか。

さらにいえば、伊波は太田朝敷ら『琉球新報』同人たちのように、「有形無形を問わず、善悪良否を論ぜず、一から十まで内地各府県に化すること、類似せしむること、極端に云へばクシャメすることまで他府県人の通りにする」といった、のっぺらぼう、無思想の日本志向を説いたのではない。「個性」をもって「日本帝国の一成分」としての地位を占めるというのが伊波の考え方であった。かれは「郷土史に対する卑見」という処女講演（一九〇七年。のち「琉球史の趨勢《すうせい》」と改題して『古琉球』に収む）で、そのことを次のようにのべている。

「天は沖縄人ならざる他の人によっては決して自己を発現せざる所を沖縄人によって発現するのであります。即ち沖縄人微りせば到底発現し得べからざりし所を沖縄人によって発現するのであります。個性とは斯くの如きものであります。沖縄人が日本帝国に占むる位置も之によって定まること、存じます」（傍点は原文のまま）

伊波によれば、「沖縄人にして個性を無くすること」は、「とりもなほさず精神的に自殺」することに等しく、日本にとってもこれ以上の「国家の損失」はないのである。日本民族の一構成部分としての沖縄人が、日本人と民族的に統一・融合することを歴史的必然として確信する伊波ではあったが、その統一・融合は、上からの権力によってなされるべきものでも、またできるものでもなく、下からの、民衆の自発的な「個性」を発揮させる方向でなされるべきであり、そうして初めて、それが強固なものとして完成する、―これが伊波の論理であり、確信であった。だが、伊波が「奴隷解放」であり「国民的統一」であると讃美する「琉球処分」以後の沖縄の現実は、伊波の評価をうらぎるかのように、差別と偏見と「個性」を抹殺する政策が進められていった。ひきさかれた理念と現実、そこに伊波における思想の悲劇があった。

伊波における理念と現実との乖離《かいり》―理想主義と現実主義との矛盾―を、伊波自身は思想のレベルでどう止揚させようとしたか。その点については、すでに向象賢や蔡温をとりあげるときの伊波の態度を通して、われわれはみた。そこでの伊波は、「現実」の許す範囲で「理想」を実現してゆこうとする、現実主義者として、「調和」論をひっさげて立ち現れていた。意地悪くいえば、伊波には、対立する矛盾を高い次元で解決し、止揚しようとする深刻な思想的な苦悩や緊張感は読みとれない。そこには、生活者、なま身の人間としての伊波の人生観、ないし歴史観が語られているにすぎない。べつの言葉におきかえれば、伊波は、人間とその歴史を信頼しうる点で、無類の楽天家《オポチュニスト》であった。

伊波普猷の「沖縄学」は、近代沖縄の矛盾と痛苦のなかで形成された。だが、伊波はその近代沖縄のかかえこむ矛盾と痛苦を、全的に受けとめたとはいえない。労働者や農民の立場まで、伊波はみずからを近づけていっていないし、また、ゆこうともしていない。そこに伊波の「沖縄学」のもつ限界があったと、いえないだろうか。

むろん、伊波は革命家でもなければ社会主義者でもなかった。一個の自由主義者的学者であり、啓蒙家であった。かれのひたむきな沖縄研究への情熱は、終生変わることなく燃えつづけた。それは、沖縄とそこに住む同胞へのかぎりない愛着と共感がなければ、持続しえないものであった。そこに、伊波の「沖縄学」が現在に生きつづける理由がある。

「汝《なんじ》の立つ所を深く掘れ、其処《そこ》には泉あり」というニーチェの言葉を伊波は好んで引用した。『古琉球』の自序の末尾にも伊波は敢えてこの言葉を掲げた。また、島袋源一郎の『沖縄県国頭郡志』に序文を頼まれたとき、（大正七年＝一九一八）伊波はやはりさきの言葉を引きつつ、次のように書いた。「これ（ニーチェの言葉）は借りて以て郷土研究の必要を説くに都合の好い言葉だと思ひます。誰でも活動しようとする人はまづ其の足元《あしもと》に注意せなければなりませぬ。自己から出発せない活動は、ほんの空騒《からさわ》ぎに過ぎませぬ」と。

そこには、沖縄研究に生涯をささげ、「沖縄」の重《おも》さを知ることのできたひとりの学者―伊波普猷の、学者としての使命感と誇りとが語られているように思われる。

伊波普猷（還暦のころ）

付録1　冬子夫人のみた伊波普猷

　きょうは冬子夫人に、伊波先生の印象などについていろいろ質問させてください。まず、冬子夫人が先生とお知りあいになったいきさつについておきかせください。

――わたしは一九歳のとき、親の決めた相手と見合い結婚をしました。ところが、結婚後しばらくしてから、夫が重い精神病にかかってしまったのです。それはわたしの大きな悩みでした。でも、じぶんは犠牲になってもいい、夫のために一生看護しよう、とロマンチックな決心をしました。ですが、それで完全に迷いが消えてしまったわけではありません。そんなとき、伊波先生のところへ、よく話をききにいっていたある女友だちに誘われて、初めて先生のところへいき、じぶんの悩みを打ち明けて、勇気づけてもらうことにしました。先生はとうぜん、わたしのロマンチックな考えを支持してくれるものとばかり思っていましたら、ぜんぜん予想に反したことをいうのです。「きみ、夫婦といえどもそれぞれじぶんの運命というものがある。じぶんの運命は大事にしなければならぬ。きみはきみの考えで生きるべきで、犠牲になるというのはけっして美しいことではない。もし子供でもできたら、新しい不幸をつくるだけだ」、とこういうふうにいわれたのです。その意見をきいてからあと、わたしはよく、先生のところへ話をききにいくようになりました。そして、先生の忠告どおりに生きることに決め、自活を考えました。とはいっても、女一人で自活するというのはなみたいていのことではありません。先生にそのことを相談すると、さっそく県立図書館に仕事の口を世話してくれ、わたしはそこで働くようになりました。それが、わたしと伊波との最初の出会いのいきさつです。

伊波先生のまわりには、若い女性が集まったようですが、どんな様子だったのですか。

――わたしは、伊波をとりまく女たちの二回目のグループの一人で、一回目のグループは、のちの東恩納（寛惇）夫人や富原夫人などで、伊波が帝大生のころ、帰省のたびに、英語の勉強を指導するという形で、いろいろな話をしてきかせたようです。伊波はのちに子供たちの指導もしますが、それはきっと、子供と婦人が社会で一番遅れていると思っていたからだと思います。伊波の教会での聖書講義は、キリストを一人のすぐれた芸術家（思想家）、人間、詩人として語るという、信仰的なところのないものでしたので、わたしたちはおもしろくきくことができました。民族衛生の講演にもついていったことがありますが、あまりにもみごとなウチナーグチ（沖縄方言）で、しかもおもしろおかしく話すものですから、たいへんな評判でした。いつも「グスーヨー……」というふうにはじめるのです。また伊波は、わたしと結婚しても、わたしを妻として特別扱いするという人ではありませんでした。親しく接する女性の中の一人、というかっこうでした。

伊波先生の上京（離郷）をめぐる事情についておきかせください。

——伊波は結婚していて、先妻との間に一人息子がありますが、その子の消息が今でもよくわかりません。伊波はわたしとの問題で、さんざん中傷されました。新聞にも悪口を書かれました。柳田国男先生などのおすすめもあって、東京にいくことになりはしましたが、生活の見通しがあったわけではありません。わたしが一足先に上京して、その翌年に伊波もヒゲを剃ってきましたが、「ヒゲがあったほうがよかったのに」とわたしがいいますと、「東京でヒゲをのばしていると、サンジンソー（易者）みたいでまずい」と笑っていました。沖縄にいたころ、ある社会主義者のグループの間で、「革命がおこったらまっさきに伊波を血祭りにあげよう、どうしてあいつは実践しないのか」という話もあったそうですが、伊波はその話をきいてただ苦笑だけしていました。

伊波先生の東京での生活について、かんたんにおきかせください。

——生活はいつも苦しく、貧乏でした。伊波は売文のため、いろんな雑誌に書きました。家ではもっぱらウチナーグチだけ使うのです。訪問客が好きで、毎日のようにいろんな人がきました。雑談をやっていましたが、特定の話題といったものはなく、おもしろおかしく話していたようです。それでも、論文の構想中に若い人が訪ねてくると、はじめはひどく不きげんな顔をしますが、ものの五分もたつとすぐ愉快になり、構想のこともすっかり忘れて、話に夢中になるというそんな人だったのです。あとでわたしがたしなめますと、「なに、若い人と話して刺激をうけるほうがずっと得になる」というのが口ぐせでした。構想中の研究についてわたしに話すものですから、「そんなむつかしいことを、わたしにいってもしようがないでしょう」というと「なに、壁にむかって話すよりはましだ」とよくいってました。きっと、わたしのような者に話して、じぶんの頭を整理していたのだと思います。ビフテキの好きな人で、原稿料がはいるといつもビフテキを食べに出かけました。東京では酒もタバコもよくたしなみ、とくにいいウイスキーには目のない人でした。

伊波先生と河上博士との交流の復活の事情についておきかせください。

——『古琉球』の改定版を出すことになって、出版社は河上さんの跋文があったのではぐあいが悪いといって、それで伊波がその点について河上さんへ了解してくれるよう手紙を書いたのです。すると、河上さんはたいそう感激されたようです。さっそく返事がきて、いまどきじぶんのような人間にこんなにあたたかい心のこもった手紙をくれるなんて……というわけです。それから交流が復活しました。昭和一八年に、伊波は大阪のほうにも私用があって、その時に河上さんに会ってきたわけです。「兄弟のように話してきた」と伊波は帰ってから感想をのべていました。

戦争中の先生はどんなでしたか。

——オモロや大事な研究資料を行李《こうり》に入れて、空襲のたびに防空壕に運んで守っていました。隣組には一切顔を出さず、戦闘帽もかぶらず、脚半もまかないで、ふだんと同じように背広姿でした。そのことで、とりたてて文句をいわれたことはありません。戦争がはじまったときから「日本は戦争に負ける」といってました。それに、日本では、沖縄がまっさきにやられることも、早くから予言していました。

そのほかに、なにか印象ぶかいお話はありませんか。

——いつでしたか、県立図書館に朝鮮の革命家だという、五、六〇歳代のみすぼらしい小柄な男が訪ねてきて、伊波と館長室に消えました。しばらくすると刑事らしい人が玄関のほうに現れたので、わたしは裏からまわって窓ごしに危険を知らせる紙きれをさし入れました。やがてこっそり革命家が帰ったので、ことなきをえました。伊波は社会主義につよい関心があったとわたしは思います。図書館でかなり社会主義関係の本を集めたところ、それが問題になって、伊波は県会によばれました。「まったくの貧乏予算で、図書館が全般にわたって本を集めることは不可能だ。ひとつひとつ内容のある充実した本を集めるのが、わたしの方針だ」といったら、グウの音も出なかったよと伊波は帰ってから笑いながら話していました。「沖縄はじぶん一人で独立することはできない。世界の弱小民族が解放されないかぎり、沖縄も解放されない」という伊波の話を、わたしは東京で聞いたことがあります。

最後に、冬子夫人からみた、夫としての伊波先生はどんな人でしたか。

——東京での生活が苦しくて、沖縄に帰らなければやっていけないような羽目になったとき、折口（信夫）先生に、できるだけしんぼうしてとどまりなさいといわれて貧乏生活をがまんしたこともあります。伊波は死ぬ前から「じぶんが死んでも仏教やキリスト教の葬式はしてくれるな、なるべく座談会の葬式をやってくれ」なんていってました。きちょうめんさのない人で、筆まめでなく、まったく日記を書かない人でした。それに、思いきって危険なことをする人でもありませんでした。ものごとにこだわらず、しめっぽさがなく、柔軟で、人間的にあたたかい人でした。体面にむとんちゃくで、四角ばった、かしこまったことのきらいな人でした。若いころははげしい気性の人（タンチャー）だったようですが、わたしと一緒になるころには、おだやかな性格の人になっていました。わたしが何かのことでおこると、よく「おこると毒素が体にまわる」といって、ちゃかす人でした。情熱家で、やはり沖縄人でした。

（一九七二年八月一四日記）

付録2　伊波普猷試論
――その歴史認識の検討を中心に――

金城正篤

問題へのアプローチ

❖蔡温を通して

み月ほどまえのことになりますが、本紙（『琉球新報』）夕刊の「話の卵」欄で、「蔡温といまの政治家」と題する一文を興味ぶかく読みました（六月一二日）。ものおぼえのいい読者なら記憶しておられることと思いますが、その内容は要するに蔡温がいかに「偉かった」かを《アダン》の堤防を築いた話を例にのべ、あわせて、いまの政治家のビジョンの貧困さを嘆いたものでした。話卵子はそのなかで、「一代の名宰相、蔡温が偉かったのは、沖縄という土地をよく知り、その風土にあった政治をしたからにほかならぬ」とし、「貧乏ながら、貧乏の島の中でその才覚を働かしている」ところに、政治家としての蔡温の「偉さ」があったと書いております。そして最後に、「残念ながら、沖縄はこの偉大な政治家蔡温をもって、政治家らしい政治家はあとを絶った」と痛憤をもらしておりました。

現在、私もその一員である沖縄歴史研究会では、『蔡温選集』の読み合わせをしながら、蔡温の直接書きのこした著作をとおして、ことにその政治思想について、いろいろと討論しあっておりますが、その著作をとおして知る蔡温は、いままで私たちが抱いていた（むしろ抱かされていたといった方があたっていますが）蔡温像というものが、検討をせまられてくるのを禁ずることができません。蔡温はほんとうに偉かったのだろうか。偉かったとすれば、どういう点が偉かったのだろうかと。

もっとも政治家というものは、その言ったり、書いたりすることだけで判断するのは一面的でしょうし、いい意味でも悪い意味でも、言ったり書いたりしていることからだけで評価することの危険であることは、現実に演説の上手な、しかも「公約」だけに終わる「政治家」がいることからして、容易に察しがつくことです。したがって、かれが実際にどういうことをやったかということが最終的にかれの「政治家」としての評価の決め手になることは、私も知っております。

「一代の名宰相」といい、「古今独歩の政治家」（伊波普猷）という場合の蔡温のどこが「偉かった」のかという点を、事実に即して明らかにすることは、いまの政治家のビジョンの貧困さを指摘することと共に、やはり必要なことだと考えます。

ところで、私はここで蔡温が「偉かった」かどうか、について論ずるつもりはありません。ただ私がいつも疑問に思うことは、歴史上の人物が、莫然と「偉大」であったり、理由もなくうずもれたりすることであります。先入的に抱いてきた蔡温像を、もう一度自分自身の目でたしかめてみる必要がありはしないか、私たちの研究会で『蔡温選集』を編集し、読みなおしてみようとした意図も、そこにあったと思います。

❖蔡温から伊波普猷へ

私たちが、断片的ながら抱かされている蔡温像は、実は伊波普猷の描いた「蔡温像」ではないのか、蔡温を「偉く」したのは、伊波普猷ではなかったのか、というところまで話は発展して行きました。というのも、周知のごとく、伊波普猷はその著『琉球の五偉人』（一九一六年刊）の中で、蔡温を非常に高く評価し、前記のように「古今独歩の政治家」とか、「非凡なる政治的天才」とか、最高の賛辞で蔡温をほめあげているからです。

このようなことから、蔡温はともかく、私にとって、伊波普猷の歴史のとりあげ方、その評価の仕方について、どうしても再度検討してみる必要にせまられてきました。というのも、沖縄の、いわゆる「郷土史」を語る場合、必ず伊波普猷が問題となりますし、事実、かれのこの面での研究業績は非常に大きいからです。とはいえ、伊波の研究業績をまったく無条件に、全面的にうけ入れることは誤りであるし、私たちは伊波の学問研究のあり方、ないしそこから私たちが学びとらなければならない点を、批判的に検討しつつとり入れて行くことが大事だと思います。

伊波普猷の研究業績は実に多方面にわたり、それら全部を検討の対象にすることは、とても私にはできませんし、さしあたり私の問題や関心に従って、かれの「歴史認識」について、若干の問題点を検討してみたいと思い立ちました。

実は先達《せんだ》って、私は数人の友人たちと一緒に「伊波普猷」について論じあう機会がありました。その際、私たちは、森田俊男氏の論稿「伊波普猷論」（国民教育研究、一二一号、一九六六年三月）をテキストに使いました。森田氏のこの論稿には「その沖縄学及び教育理論と実践」というサブタイトルが付せられており、最近発行の『沖縄問題と国民教育の創造』という同氏の著書の中に、若干手を加えられて収録されています。

以下にのべることは、私たちのささやかな研究会での私の報告を骨子にしてまとめたものです。森田氏の「伊波普猷論」そのものについても、そのとりあげ方に若干問題があると思われますが、その視点については基本的に共鳴するものであり、以下にのべることがらも、多く同氏の提起された問題に導かれながら、私自身の責任においてまとめたものです。

伊波普猷における歴史認識

❖二つの視点

ここで「歴史認識」というのは、伊波普猷に即していいますと、沖縄の歴史を、どのような視角から、どういうふうにとりあげたのか、ということです。このことは、伊波の人生観・世界観と表裏をなすものであり、とりもなおさず伊波の学問を内奥から支えているものだと考えます。

伊波においてそれは、大きくいって二つあったと思います。ひとつは、日本人としての「国民的統一」という視点であり、もうひとつは、沖縄の民族体としての「個性的文化」の主張という視点、この二つであります。

まず第一の視点についてみますと伊波は、人種の上から、また言語・習俗その他の面から、沖縄人が日本人の一分枝であること、究極には沖縄が本土と民族的融合・統一することの歴史的必然性を確信しておりました。このような確信にもとづいてかれは、言語や人種の面からの「日琉同祖論」を科学的に深化させ、そのような視点からサツマの民族的差別支配を批判し、また明治政府の「琉球処分」への讃美的な評価ともなりました。沖縄はやがて日本の一部として民族的に一体化する、それは歴史的必然として伊波には動かしがたい確信となっていたものと思われます。向象賢も、蔡温も、また宜湾朝保も、時と人は異なっていても、ひとしく日本への統合という歴史の発展方向に合わせて政治をおこなったことが、伊波にとっては「偉人」の名に値する政治家でした（『琉球の五偉人』）。

ところで、右にのべた第一の視点とは一見矛盾するかのように考えられる第二の視点も、前者におとらず、伊波には強烈でした。それは、沖縄の人たちが独自の叡知と努力によって、営々と築きあげてきた「個性的文化」への愛着と矜持《きょうじ》です。そこからかれの「郷土史」研究へのひたむきな熱情が生まれてきたものと思われます。東恩納寛惇氏は「伊波君の想出」のなかで、「彼は郷土を愛するが為に、これを知らんとし、これを知ったが為に、一層これを愛した。畢竟《ひっきょう》彼は偉大なる郷土人であった」と評しています（『文化沖縄』第一〇号）。かれはまた県立図書館長に在任中、本島各地を方言で講演してまわっています。この方言講演の内容はともかく、前後三六〇回余におよんだといいますから、伊波の根気強さの一例として、記憶しておく必要があると思います。

さて以上のごとく伊波には、かれの学問研究を内奥から支える二つの確信というか、視点というものがありました。この二つは、一見矛盾しているかのように考えられると私は先にのべました。つまり、日本人としての「国民的統一」と、沖縄独自の「個性的文化」、この二つをどのように統一的に掌握するかは、私たちにとっても、今日的課題たるを失わないものと思われますが、伊波においてそれは、どう理解されていたのか。先にあげた森田氏は、この点に関して次のような見解を示されています。すなわち、伊波には「日本や人類世界をつねに、地域、諸民族の《個性》の複合体としてみる、という世界認識があり、人類史の普遍的な発展の過程というものがあるにしても《個性》を生かしきっていくことで、それに寄与するという認識方法である」と。このことから森田氏は、伊波の歴史認識について、次のように断定しています。「ともあれ民族を個性的な民族体の複合・統一の歴史的な形成物ととらえる点で、そして沖縄人を、すぐれた文化的・政治的集団としてとらえ、その主体性において日本人の《国民的統一》のおしすすめられるべきことを説いた点で、それは科学的といえる」と（傍点は引用者）。

　森田氏の定置される以上のような視点には、基本的に賛成するものであるが、ただ、伊波普猷に関して、はたしてそこまで断定できるかどうかは、なお疑問が残ります。というのは、後でふれるつもりですが、伊波には、歴史を創造し、推進する主体についての掌握が甚だ不明確であり、森田氏のいわれる「主体性」を伊波に即していえば何を指しているのか、あいまいだからです。

　以上、伊波の「歴史認識」を支える二つの要因について、のべましたが、次に、具体的な歴史事実に対する伊波自身の評価を通して、もう少しこの問題にたちいってみたいと思います。

❖「琉球処分」に対する伊波の評価

「琉球処分」というのは、明治政府のもとで沖縄が日本の近代的国家の中に、強制的に統合される一連の政治過程のことです。

明治維新の変革によって、日本国内においては封建的地方割拠性が廃滅され、とにもかくにも近代的な民族統一への基本的条件が与えられました。このような日本国内の民族統一への波動は、やがて沖縄の岸辺にうちよせてこずにはいませんでした。こうした状況の中で、近代的国家としてのよそおいと力を急速に強めてきた明治政府は、内政、外交の結節点としての「琉球問題」を、自らの指向する形で強引に解決をはかりました。明治政府は、軍隊と警官をさしむけ、首里城の明け渡しを命じ、いやがる藩王尚泰を強制的に上京させました。これに対しては、首里王府を中心とする士族層（支配階級）は執拗に反対もし、かれらなりの流儀で抵抗もしました。これを強圧的におさえる形で、「沖縄県」の設置は断行されました。「処分」といわれるゆえんです。

政治的には以上のような経過をたどった明治政府の「琉球処分」が、歴史の発展方向にまったく反するものではなかったこと、しかしながら、そのやり方には問題があったことを指摘することにとどめて、伊波普猷が「琉球処分」についてどのような評価をくだしているかを、見てみることにします。

よく知られているように、伊波は「琉球処分」を「一種の奴隷解放」と規定しています。「私は琉球処分は一種の奴隷解放と思っている。……琉球処分の結果、所謂琉球王国は滅亡したが、琉球民族は日本帝国の中に入って復活した」とのべています（「琉球見聞録」序、大正三年）。伊波によれば、「琉球処分」によって、「日本に於ける国民的統一の事業は、全く完成を告げた」というのであります（『琉球の五偉人』）。そして、「実に沖縄人は二千年の昔、手を別った北方の同胞と邂逅《かいこう》して、同一の政治の下に、幸福なる生活を送るやうになったことを、感謝しなければならぬ」とものべています（同上）。伊波のいう「同一の政治の下に幸福なる生活」とは、ほかでもなく、「明治天皇の仁政に浴し」、「明治天皇の御厚恩を蒙《こうむ》ったこと」であります（同上）。

一六〇九年以来、サツマの圧政のもとで、「奴隷的」生活を強いられた沖縄の人びとは、いまここに明治政府のもとに「解放」されたのであり、だから「沖縄人」は「明治天皇の御厚恩」を「忘れてはならぬ」というのであります。

事実はどうであったか。旧慣不変革とあらたな差別政策の再現、いや継続ではなかったか。これをしも「解放」とよべるのであるか。そもそも「解放」は、他から与えられるものであるか。「解放」を解放と自覚しえない「沖縄人」が悪いというのか。

「琉球処分」を「奴隷解放」として讃美的に評価する伊波の視角からは、右の問いに対する解答は出てこないでしょう。このことは、まさに伊波の歴史認識における主体の欠落と表裏しているものと思われます。

「琉球処分」に対する伊波の評価は以上の通りです。要するにそこからは、明治政府の沖縄県政、ひいては明治絶対主義権力に対する有効な批判が生まれてくるはずはありませんでした。

❖歴史主体の認識について

「解放」といい「統一」という。それでは誰がそれをになう主体なのか。結論を先にいいますと伊波には、歴史を創造し、推進する原動力が、ほかでもなく勤労大衆であることを理念的にさえ、ついに掌握することができなかったのではないかということです。むろん、伊波が想定したと思われる「主体」を、かれの文章からさぐっていくならば、「教育家―青年」であったり、ある種の「偉人」にぶつかります。

たとえば、伊波は次のように指摘します。「さしあたり必要なる事は人格の高い教育家に沖縄の青年を感化させることである」と。なぜかといえば「思うにこういう三百年間の圧迫に馴れた人民には意志の教育が必要であろう。意志教育なるかな。これ亦沖縄教育家の研究に値すべき大問題である」と（「沖縄人の最大欠点」）。三〇〇年近いサツマ支配下で「奴隷根性」に馴《じゅん》致《ち》された「沖縄人」の民族的自覚をよびさますことこそ、伊波にとってはなによりも急務であり、そのための啓蒙、これをかれは「教育家」に期待し、自らも献身啓蒙活動に従事しているわけです。そして、啓蒙される「青年」の「自己に対し、父兄に対し、先輩に対し、社会に対し、反抗的精神の高調」することを期待し、このことがやがては「奴隷根性」からの脱却を導き、沖縄を救うことになると伊波は考えていました。

また伊波は「偉人」にそれを求めてもいます。なによりもそのことはかれの『琉球の五偉人』ににじみ出ています。かれは「蔡温」をとりあげた文章の中で、「琉球第一の政治家」蔡温が、「時勢の解釈者」として現れ、「沖縄を救った」という意味のことを、なんどもくりかえし強調しています。

ついでにいいますと、かれにはまた「おもろ」調でつづった長文の詩がありますが、その中にはこのような一節があります。「孤島苦《しまちゃび》のさ中に、……いきやる偉人出《まもの》ぢへてが、此島《だしま》は救ゆら」と。意味ははっきりしていると思います。孤島苦のこの沖縄を、どんな「偉人」が出現して、救ってくれるのやら。この歌は、昭和八年（一九三三）東恩納寛惇氏のために作られたもののようですが、これを贈られた東恩納氏は「流石《さすが》に古文辞の堂に入ったもので、最後のおもろ詩人は斯の人だと思った」とその思い出を記しております（前掲、「伊波君の想出」）。

ともあれ、伊波には、先述のように歴史主体を明確に提示することができませんでした。ある時は「教育家―青年」にそれを見、ある時には「偉人」にそれを期待するのです。

このことは、どう考えたらよいのでしょうか。伊波には、かれのいう「奴隷根性」に毒されている「沖縄人」を、腹の底からほとばしる悲哀と憐憫《れんびん》と慈愛の客体として実感することはできても、まさしくかれらこそ、歴史をきりひらく主体として掌握することができなかったのではないかと私は疑っています。かれは「蔡温」についてのべている中で「世に酔生夢死の同胞の真ん中に、独り醒めてゐる人ほど寂寥を感ずる者は無い」と言っています。むろん蔡温その人の「悲哀」をのべているのでありますが、そこには伊波自らの述懐がこめられており、むしろ、そういう「醒めたる」エリートとしての伊波自身の「悲哀」を、蔡温に託してのべた、といったほうがぴったりするくらいです。

要するに、伊波のいわば「英雄待望論」はかれにおける歴史主体の不明確もしくは欠落、より正確には大衆不在と重なり合っていると思われます。

❖伊波における歴史認識の限界

これまでのべてきたように、伊波は歴史主体をついに明確にすることができませんでした。かれにおける歴史認識は、たしかにかれ自身で受けとめてきた歴史の中で、「醒めたる者」としての鋭敏な感受性と真剣な思索を通して、形づくられたものでした。その意味ではまさしく

「先覚者」の名に値するし、またそういう自覚をかた時も忘れたことはありませんでした。そういう自覚と使命感にもとづいてかれは学問研究に従事し、実践的な啓蒙活動に献身的にうちこんできたものと思われます。

しかしながら、かれには結局において、歴史を動かす主体を正確に見きわめることができませんでした。このことは重大だと思います。真摯《しんし》な学問研究と献身的な啓蒙活動を通して、自ら固めてきた、ある意味では正しい歴史認識の上に立脚しながら、どうしてついに歴史主体を掌握することができなかったのでしょうか。

このことについては、いくつかの要因が考えられるでしょう。たとえば、かれの出身、立場などの個人的要因、当時の政治的、社会的および思想的状況などの時代的制約、等々。

政治的な側面から、究極において伊波と同じ方向を主張した謝花昇らの自由民権運動に対し、同時代人である伊波は、何の発言もしていません。自由民権運動は、結局奈良原知事を中心とする県当局によって、むざんにも圧殺されたとはいえ、「琉球処分」の時点ではまったくの受動的な立場に立たされた沖縄県民が、ここに至って、自らの生活と権利を自らの手でかちとるためにすすめられた民主主義の闘いでした。このことこそ、伊波のいう「反抗的精神」であり、「日本国民」としての自覚であり、かつ「奴隷根性」から脱却したことのあかしではなかったか。このような意味をもつ自由民権運動に対して、伊波はなぜ黙して語らないのか。森田氏は、このことにふれて、次のようにのべています。「伊波自身をとれば、沖縄自由民権運動のまさに壊滅のあとに活動をはじめ、沖縄プロレタリア科学・労働運動のまったくの萌芽のうちに弾圧（昭和三年から五年）を経て、日中戦争・太平洋戦争の時代をすごすわけであるから、解放の主体を階級的にとらえる、という点で当然の制約をうけた」と。伊波が、歴史の発展と変革の主体をとらえることができなかったことの原因を、「時代的な制約」だけにおしつけてよいものかどうか。私にはなお疑問が残ります。もっとも、伊波と自由民権運動との関係については、今のところ資料的にたしかめることはできませんし、いかなるかかわりあいがあったか、またなかったかは、後日の検討にまつほかはありません。

また、伊波普猷の唯物史観との出会いにも、私は興味をひかれます。かれは晩年の著作『沖縄歴史物語』の中で、「《人の意識が人の生活を決定するのではなく、其の反対に人の社会的生活が人の意識を決定する》という唯物史観が真理であるとすれば、私が長たらしく述べたところの三百年間の島津の搾取制度が、彼等の県民性を馴致したことを知らなければならぬ」と書いています。

かれと有名な社会主義者河上肇とのつきあいは、よく知られています。伊波は最初の著作『古琉球』（明治四四年刊）に、河上に跋文を請い、河上はそれに応じました。比嘉春潮氏によれば「伊波先生と河上博士との交わりは断絶はあったが、戦後博士の没する直前まで変わらなかった」といいます（比嘉春潮、『伊波先生の思い出』沖縄タイムス、一九五八年一〇月一〇日）。すくなくとも伊波は、河上との個人的なつきあいを通して、唯物史観を学び、あるいは知る機会をもっていました。とはいえ、伊波には「唯物史観」を自らのものとすることのできない、かれ自身のはっきりした自覚があったのではないか。「唯物史観」とは何か。ここでの文脈に即していえば、歴史の主体が勤労人民であるという認識であると思います。くりかえしになりますが、伊波は歴史の主体としての勤労人民を想定することをしていません。最後までそれを拒否したということかもしれません。

一九四六年六月、マッカーサーが日本を訪れ、次のような「談話」を発表したことがありました。「沖縄諸島はわれわれの天然の国境である。米国が沖縄を保有することにつき、日本人に反対があるとは思えない。なぜなら、沖縄人は日本人ではなく、また日本人は戦争を放棄したからである」云々《うんぬん》。その時、伊波の頭の中に浮かんだことは「正に《御教条》の第一章を連想させるもので、しかもその中には沖縄人の行くべき方向を示唆したところがある」ということでした。これはかれが死ぬ直前（昭和二二年＝一九四七）に書かれた『沖縄歴史物語』の一部です。伊波はすぐその後に続けて、次のように記してこの本を結んでいます。少々長くなりますがその結びの部分を全部引いてみます。

「さて、沖縄の帰属問題は、近く開かれる講和会議で決定されるが、沖縄人はそれまでに、それに関する希望を述べる自由を有するとしても、現在の世界情勢から推すと、自分の運命を自分で決定することの出来ない境遇におかれてゐることを知らねばならない。彼等はその子孫に対して斯くありたいと希望することは出来ても、斯くあるべしと命令することは出来ないはずだ。といふのは、置県後僅々七十年間における人心の変化を見ても、うなづかれよう。否、伝統さへも他の伝統にすげかへられることを覚悟しておく必要がある。すべては後に来る者の意志に委《ゆだ》ねるほか道がない。それはともあれ、どんな政治の下に生活した時、沖縄人は幸福になれるかといふ問題は、沖縄史の範囲外にあるがゆゑに、それには一切触れないことにして、ここにはただ地球上で帝国主義が終わりを告げる時、沖縄人は『にが世』から解放されて、『あま世』を楽しみ十分にその個性を生かして、世界の文化に貢献することが出来る、との一言を附記して筆を擱《お》く」（選集、中巻五一九～二〇ページ）

伊波は『沖縄歴史物語』を脱稿して翌月（一九四七年八月）逝去《せいきょ》しています。七二年の生涯をかけて、最終的にたどりついたかれの「結論」が、右の一文に凝集されていると思われます。「地球上で帝国主義が終わりを告げる時、沖縄人は《にが世》から解放され」る、と指摘していながら、ここでも伊波は「解放」の主体が誰であるかを明らかにしていません。それどころか、沖縄人は「自分の運命を自分で決定することの出来ない境遇におかれていることを知らねばならない」と伊波はのべています。そして、「どんな政治の下に生活した時、沖縄人は幸福になれるかという問題は、沖縄史の範囲外にあるがゆえ、それには一切ふれない」といい、「すべては後に来る者の意志」にまかせるほかないというのであります。

こよなく沖縄を愛しつづけた伊波普猷は、やがて異民族の支配下におかれるかもしれない沖縄人の不遇な「運命」を予測しながら、いっさいを「後に来る者」に委ねつつ、その生涯を静かに閉じたのでした。

❖伊波普猷の生涯とその学問

伊波は、明治三九年（一九〇六）三一歳の時、東京大学を終えて帰郷し、以後七二歳で死亡するまでの四〇余年間、ひたむきに「郷土」研究に全エネルギーを傾注したといえます。その研究対象・分野は、歴史・民俗・言語等々、実に多方面にわたっております。そして極論すれば、そのことを通してかれは、「琉球人」が「日本人」であることのあかしをいわば生涯をかけて主張し続けたとも言えるかと思います。今日、沖縄の私たちが日本人であることはもはや証明する必要もないほど、自明の事実なはずです。考えてみればおかしなことですが、今日ではあたりまえのことを論証するために、伊波は莫大なエネルギーを費やしました。伊波をそうまでせざるを得なくさせた状況―サツマの民族的差別支配および明治政府の差別政策―をこそ、この場合問題にされなければならないことでしょう。

ただ、伊波は「同一民族」＝日本国民であることのあかしを、明治絶対主義天皇制権力の差別政策を批判することによってではなく、沖縄県民の民族的自覚をよびおこすことにおいて、主張し続けました。このことは、伊波自身の主観的意図はともかく、客観的には沖縄県民の「皇国民」化を急ぐ明治政府の政策に、スムーズにはまりこむ結果となったし、もっと悪くいえば、そのお先棒をかつぐ結果となったものと思われます。「差別」という権力の悪徳を、自らの不徳の責任にすりかえられることによって、沖縄県民はますます自らをむちうって、恥ずかしくない「国民」となる努力をしいられたわけです。

伊波の歴史認識には、先にのべたような弱さのあったことは事実だと思います。驚異的ともいうべき伊波の学問研究に寄せた熱情とその諸成果は、かれのその弱さや欠点をカバーするとかいう、そんななまやさしいものではないと考えます。伊波が、当時何を考え、どう行動したか、まさしく伊波にとっては「現在」であった当時の政治的・社会的状況の中での、かれの思想と行動を正しくとらえ、それを私たちの今日的課題と結びつけてとらえていくことが、いちばん大切なことだと考えます。個人的な要因、また時代的な制約をも考慮しつつ、かれが学問研究や教育実践の場で、何ができ、何ができなかったかを、正確にとらえて初めて、かれの業績の正しい評価も継承も可能となるものと思います。

たとえば、伊波が郷土の文化の優秀性と、その擁護を主張する際、かれには、個性的なもの、伝統的なものを抹殺しようとする同化政策（そのうらがえしが差別政策）に対する、一定の批判と抵抗がありました。現在私たちが、民族文化の保護を云々する時、それが有効性をもち得るためには、汚臭にみちた植民地文化の氾濫に対し、一定の批判と抵抗が含意されている限りにおいてであり、この姿勢を没却した「文化財保護」は、ディレッタンティズムの自慰的幻覚とアナクロニズムのとりことなってさまようほかないでしょう。

伊波の学問的業績を、私は決して否定したり、過小に評価したりするつもりはありません。だが、過大に評価することにも反対です。かれのおかした誤謬や疑問点を正しく指摘し、批判・検討することは、「後に来る者」としての私たちの責務でさえあると考えます。そうしてこそ、初めて真に先人の業績をうけつぎ、発展させることになるばかりでなく、「郷土史」の内容を深め、豊かにして行くゆえんだと信じます。

付記—小稿をまとめるについては、森田氏の先記論稿から多くの示唆を受けました。また私の友人たちの助言とはげましも大きいものがありました。仲地哲夫氏からは、氏の同人雑誌に載せてある「伊波普猷の歴史意識とその思想史的時代背景」（ガリ版刷り）を読ませていただき、大いに啓発されました。ここに記して、諸氏に対し謝意を表したいと思います。

（『琉球新報』一九六七年九月二七日～一〇月七日）

あとがき

「人と歴史」シリーズの一冊に沖縄史のなかからも加えられることとなり、その執筆の依頼を受けたのは、かれこれ二年余も前のことであった。

当初、編集委員のおひとりである小葉田淳先生のご意向では、たとえば「向象賢と蔡温」ないし「尚巴志と尚泰」といったものを考えておられたようである。近代をやっている私にはあまり自信がなく、なかば逃げ腰の強みで、近代史上の人物、たとえば伊波普猷をとりあげたらどうか、という意味の私の考えを申し述べておいた。それなら伊波普猷でよいからやれ、という清水書院編集部からの折り返しの返事で、とうとう逃げられなくなった。

とはいっても、私としては、そのころ伊波普猷に興味をもっていたし、いずれ伊波普猷と「格闘」してみたい、という野心もあったから、この際と思い、よろこんでひき受けることにした。

本書のような形で最終的に構想がまとまったのは、今年の春ごろであったが、いざ書きはじめる段になって、「日記」の類を残していない伊波普猷の生涯をあとづけることの困難さにぶちあたった。たまたま、京都大学の国史研究室で研究生として勉学中の高良倉吉君が、東大在学時代の伊波普猷についていろいろ調べていることを知り、早速応援を頼むことにした。同君は、私の構想に全面的に賛成し、協力を快諾してくれた。かくて『伊波普猷』はやっと日の目を見ることができたのである。本書は、第Ⅰ章全部と、第Ⅱ章の1、2節を高良君が執筆を分担し、第Ⅱ章の3、4、5節および第Ⅲ章全部を私が担当してできあがったものである。

私たちは、いま本書を書き上げて、ひとりの人間の生涯と思想を描き出すことのむつかしさを痛感させられている。とりわけ、「沖縄」という複雑な歴史過程をたどってきた社会で、一種の使命感に燃えて生きたひとりの啓蒙家の姿は、現在の高みからあれこれいうには、あまりにも痛々しいほどの矛盾にみちた存在なのである。伊波普猷とは、そのような存在であったように思う。

本書は、第Ⅰ章で伊波普猷の人間像を描き、第Ⅱ章で伊波の描いた「沖縄史像」を浮き彫りにしたうえで、第Ⅲ章においてかれの歴史思想を問題にしている。「人と歴史」シリーズのなかでは、いささか型破りになっているかもしれないが、本書はたんに「伊波普猷」とその生きた時代だけをとりあつかってはいない。伊波普猷の生涯とその学問（沖縄研究）を通して、沖縄の原始・古代から近・現代までを、通史的に概観できるように編まれている。本書の特徴は、その辺にあるのではないかと、私たちはひそかに自負している。

なお、本書には、付録として、「冬子夫人のみた伊波普猷」、および拙文「伊波普猷試論」とを収めた。前者は、私たちが本文で描いた伊波普猷の人間像を補ってくれる貴重な証言である。私たちのぶしつけな質問に快く応じてくださった冬子夫人に感謝の意を表したい。後者の拙文は、一九六七年九月から一〇月にかけて六回にわたって『琉球新報』に連載したものであるが、周囲のすすめもあり、本書の理解をいくらか助けるかと思い、ここに収録させていただくことにした。

最後に、本書がとくに若い人たちの「沖縄史」への理解を助け、また、伊波普猷に興味をもつ人が出てくる機縁ともなれば、と念じつつ、稿を閉じたい。

一九七二年八月

金城正篤

「新訂版」あとがき

この本が世に出たのは、四五年前、つまり沖縄が日本に復帰した年のことでした。伊波普猷という人物を通して、沖縄の歴史や社会、その底に秘められた悩み、屈折、矜持を紹介したいとの一念から、この本を出しました。

あれから四五年の歳月が過ぎ、この間、沖縄の歴史や文化、社会に関する研究は著しい伸展を遂げ、その蓄積はぼう大な量に達しています。伊波普猷が生きた近代沖縄に関する研究はもとより、かれが主な研究対象とした琉球語や琉球文学、琉球芸能、沖縄民俗、琉球史などをめぐる研究もまためざましい展開を遂げています。

さらには、伊波普猷を正面に据えた研究も深化しており、例えば比屋根照夫『近代日本と伊波普猷』（1981年、三一書房）、鹿野政直『沖縄の淵—伊波普猷とその時代』（1993年、岩波書店）、冨山一郎『暴力の予感—伊波普猷における危機の問題』（2002年、岩波書店）、石田正治『愛郷者伊波普猷—戦略としての日琉同祖論』（2010年、沖縄タイムス社）、伊佐眞一『沖縄と日本の間で―伊波普猷・帝大卒論への道』（2016年、琉球新報社）などの力作がすでに発表されています。

この流れに照らして言えば、正直な話、私たちの本は一定の役割を終えたはずだ、と思っていました。

しかし、清水書院が「新・人と歴史シリーズ（拡大版）」として、私たちの本を再出版したいとの企画を告げられたとき、少々戸惑いをおぼえましたが、二人で協議したうえで、応ずることにしました。書き改めるのではなく、誤字や脱字、誤記・誤認などの部分訂正に止め、あえて旧版のかたちで世に送ることにしたのです。

伊波普猷に関する基礎的な知識を説く本として、あるいは簡便な伊波普猷入門書としての役割はまだ期待できるはずだ、という思いに立っての決断です。この本から出発して、先に紹介した方々の本に至り、伊波普猷認識をより深めていただくことを切望するしだいです。

二〇一七年六月

金城正篤
高良倉吉

伊波普猷年譜

和暦	西暦	年齢	伊波普猷年譜	時代的背景
明治 九	一八七六		◇三月一五日沖縄県那覇市に生まれる。	
一二	一八七九			◇明治政府、琉球藩を廃し沖縄県を設置(琉球処分)。
一九	一八八六	10	◇沖縄師範学校附属小学校に入学。	◇内務大臣山県有朋、沖縄を訪問。
二四	一八九一	15	◇沖縄中学校に入学。翌年国語教師として赴任する田島利三郎の影響を受ける。	◇謝花昇沖縄県技師に任命される。
二六	一八九三			◇宮古島農民の人頭税廃止運動起こる。◇琉球新報創刊。
二七	一八九四	18	◇京都・大阪地方への修学旅行に参加し高等教育機関への進学熱高まる。◇英語科廃止問題起こる。	◇謝花昇、奈良原知事との対立を深める。◇日清戦争起こる。
二八	一八九五	19	◇一一月、児玉喜八校長排斥運動起こりそのリーダーの一人となる。このため退学処分にされる。	◇台湾総督府設置さる。
二九	一八九六	20	◇三月、児玉校長の転任により沖縄中学校ストライキ事件終わる。◇八月、同じく退学処分にあった二人の友人とともに上京。	◇公同会事件起こる。
三〇	一八九七	21	◇高等学校受験に失敗。それから数年間苦悶の時代を送る。また沖縄を内面的に発見する。	◇この頃、沖縄で徴兵忌避者続出する。
三三	一九〇〇	24	◇京都の第三高等学校に入学。神経衰弱におちいり精神的放浪を重ね、仏教やキリスト教などに接近する。また沖縄への学問的関心にとりつかれはじめる。	

明治三四	一九〇一			◇謝花昇神戸駅にて発狂する。
三五	一九〇二	26	◇四月「琉球に於ける三種の民」を発表。	◇日英同盟成立。
三六	一九〇三	27	◇三高卒業。東京帝国大学文科大学に入学し言語学を専攻する。◇この年下宿に田島利三郎が現れてオモロの私講義をおこない全ての研究資料をゆずり渡す。	◇人類館事件起こる。
三七	一九〇四	28	◇夏期休暇中帰省し鳥居竜蔵の沖縄調査を手伝う。◇橋本進吉・小倉進平・金田一京助ら学友たちと新村出の講義を聴講する。	◇日露戦争起こる。
三九	一九〇六	30	◇東京帝国大学卒業。ただちに沖縄に帰り文献・民俗資料の収集に尽力する。また紙誌に小論を書き講演をおこない啓蒙活動に力を入れる。	◇島崎藤村「破戒」、夏目漱石「坊ちゃん」を発表。
四〇	一九〇七	31	◇沖縄教育会主催の講演会で「郷土史に対する卑見」を講演。◇先島地方に講演と調査のため旅行。	
四一	一九〇八			◇一〇月二九日、謝花昇さみしく死亡。
四二	一九〇九	33	◇キリスト教の教会に出入りする。一時期沖縄水産学校の英語教師となる。	◇この頃沖縄で学校ストライキ事件続発する。
四三	一九一〇	34	◇沖縄県立図書館長（嘱託）に任命される。	◇柳田国男『時代と農政』を発表。◇日韓併合。
四四	一九一一	35	◇沖縄研究資料の収集に努力す。三月『琉球人種論』発表。◇四月京都帝国大学助教授河上肇、学術調査の目的で来沖し親交をむすぶ。◇一二月『古琉球』発表。	◇河上肇舌禍事件起こる。◇中国で辛亥革命起こる。
大正二	一九一三	37	◇この頃子供のための文化サークルを組織し啓蒙的教育を実践。	◇桂内閣総辞職（大正政変）。
三	一九一四			◇第一次世界大戦勃発。

大正 四	一九一五	39	◇重病にかかり一命をとりとめる。回復後エスペラント学習活動を比嘉春潮とともに主宰する。	
六	一九一七			◇ロシア革命起こる。
七	一九一八	42	◇教会で聖書講義を担当する。	◇シベリア出兵。◇米騒動起こる。
八	一九一九	43	◇「血液と文化の負債」と題する民族衛生講演活動を精力的に展開しはじめる。	◇沖縄のソテツ地獄深刻化しはじめる。
一〇	一九二一	45	◇柳田国男来沖。親密な交流をもちオモロ研究の大成をうながされる。	◇沖縄で初めてのメーデーひらかれる。
一一	一九二二	46	◇三月『古琉球の政治』発表。	
一二	一九二三	47	◇折口信夫再度来沖。親密な交流をもちその学風を敬愛するようになる。	◇関東大震災。
一三	一九二四	48	◇一二月、図書館長を辞任する。	
一四	一九二五	49	◇二月、長いヒゲを剃りおとして上京する。◇夏、袋中に関する史料調査のため京都に旅行。◇オモロ研究に力を入れる。	
昭和 三	一九二八	52	◇ハワイ在住沖縄県人会の招きでハワイに旅行し各地で沖縄史の講演をする。	◇河上肇京都帝国大学を追われる。
一〇	一九三五	59	◇約半年間、国学院大学でオモロの講義を担当する。◇日本民俗学会で沖縄の民俗調査および研究の成果を講演する。	
一一	一九三六	60	◇還暦を迎え東京と那覇で祝賀会ひらかれる。また還暦記念論文集『南島論叢』発刊される。	◇二・二六事件起こる。
一二	一九三七	61	◇病気療養のため伊豆の温泉に滞在する。	

昭和一三	一九三八	62	◇八月『をなり神の島』発刊。	◇国家総動員法公布。
一六	一九四一	65	◇六月『沖縄考』発表。	◇太平洋戦争開始。
一八	一九四三	67	◇マルクス主義者河上肇と文通し、また京都に彼を訪ねる。	
二〇	一九四五	69	◇アメリカ軍の東京空襲により蔵書や家財道具の全てを焼かれる。比嘉春潮の家に身をよせる。◇敗戦後、初代沖縄人連盟の会長になる。	◇アメリカ軍沖縄に上陸する（沖縄戦）。◇八月一五日、日本ポツダム宣言を受諾し降伏。
二一	一九四六	70		◇マッカーサー、日本と南西諸島の行政分離を宣言する。
二二	一九四七	71	◇七月『沖縄歴史物語』脱稿。◇八月一三日脳溢血のため急死。	
三五	一九六〇			◇沖縄県祖国復帰協議会（復帰協）成立。
三六	一九六一			◇伊波普猷の業績を記念して沖縄浦添の丘に顕彰碑建つ。◇一九六一年から六二年にかけて沖縄タイムス社から『伊波普猷選集』（全三巻）公刊される。
四三	一九六八			◇伊波普猷の命日にその業績を記念する「物外忌」はじめられ今日にいたる。
四八	一九七三			◇沖縄タイムス社、沖縄研究者に対する「伊波普猷賞」を設定する。
四九	一九七四			◇平凡社より『伊波普猷全集』全一一巻の刊行開始される（一九七六年完結）。
五〇	一九七五			◇一一月二二日、冬子夫人逝去。
五一	一九七六			◇この年、伊波普猷生誕百年記念事業盛大に実施される。

※この年譜の作成には金城朝永「伊波普猷先生年譜」・伊波普猷選集編集委員会（沖縄タイムス社）編「伊波普猷年譜」などを参考にした。

なお従来、『沖縄歴史物語』の刊行年月は昭和二一年一一月（沖縄青年同盟中央事務局発行）とされていたが、伊波自身が本文末尾に記している脱稿年月が昭和二二年七月となっていること、また、われわれの調査でも、その刊行が昭和二二年、伊波の死（八月）以後であることが判明した。

伊波普猷関係文献目録

（Ⅰ）　伊波普猷主要著作目録

※『琉球人種論』（一九一一年）
※『琉球史の趨勢』（同右）
※『古琉球』（同右）
※『琉球の五偉人』（一九一六年・真境名安興との共著）
※『沖縄女性史』（一九一九年・真境名安興との共著）
※『古琉球の政治』（一九二二年）
※『おもろさうし選釈』（一九二四年）
※『校訂おもろさうし』（一九二五年）
※『真宗沖縄開教前史』（一九二六年）
※『孤島苦の琉球史』（同右）
※『琉球古今記』（同右）
※『沖縄よ何処へ』（一九二八年）
※『校註琉球戯曲集』（一九二九年）
※『南島史考』（一九三一年）
※『琉球文学』（同右）
※『琉球の方言』（一九三三年）
※『南島方言史攷』（一九三四年）
※『をなり神の島』（一九三八年）
※『琉球戯曲辞典』（同右）
※『日本文化の南漸』（一九三九年）
※『沖縄考』（一九四二年）
※『沖縄歴史物語』（一九四七年）
※『おもろ覚書』（遺稿）

〈参考〉『伊波普猷選集』（全三巻・沖縄タイムス社・一九六一～一九六二年）
『をなり神の島』（全二巻・平凡社東洋文庫・一九七三年）
『伊波普猷全集』（全一一巻・平凡社・一九七四～一九七六年）

（Ⅱ）　伊波普猷研究主要論文目録

※金城朝永「伊波普猷先生の生涯とその琉球学」（『民族学研究』第一三巻第一号・一九四八年）

※比嘉春潮「伊波先生の思い出」（沖縄タイムス・一九五八年一〇月六日～一六日）

※森田俊男「伊波普猷論」（『国民教育研究』第三二号・一九六六年）

※金城正篤「伊波普猷試論」（琉球新報・一九六七年九月二七日～一〇月七日）

※比屋根照夫「伊波普猷の思想」（琉球新報・一九六八年八月一三日～二六日）

※稲村賢敷「伊波普猷のみた沖縄古代社会」（琉球新報・一九六八年九月四日～一一日）

※牧港篤三「伊波普猷」（沖縄文化協会編『近世沖縄文化人列伝』所収・沖縄タイムス社・一九六九年）

※仲地哲夫「伊波普猷論覚書」（沖縄歴史研究会編『近代沖縄の歴史と民衆』所収・一九七〇年）

※比屋根照夫「伊波普猷と河上肇」（沖縄タイムス・一九七〇年一〇月一七日～二〇日）

※新川明「沖縄近代史研究の一視点」、同「『非国民』の思想と論理」（いずれも同氏著『反国家の兇区』所収・現代評論社・一九七一年）

※高良倉吉「若き伊波普猷の思想」（琉球新報・一九七四年三月六日～一五日）

※同「伊波普猷論の課題」（『沖縄文化』一一巻一号・一九七四年）

※比屋根照夫「伊波普猷と沖縄県尋常中学校ストライキ事件前史」（『新沖縄文学』二七号・一九七五年）

※沖縄タイムス社刊、『新沖縄文学』三一号特集・伊波普猷の世界（一九七六年）

※伊波普猷生誕百年記念会（沖縄）編『生誕百年記念アルバム・伊波普猷』（一九七六年）
※伊波普猷生誕百年記念会編『沖縄学の黎明』（一九七六年）
※外間守善編『伊波普猷・人と思想』（平凡社・一九七六年）

事項さくいん

【さ行】

【た行】

【な行】

著作さくいん

新《しん》・人《ひと》と歴史《れきし》　拡大版《かくだいばん》　14
「沖縄学《おきなわがく》」の父《ちち》　伊《い》波《は》普《ふ》猷《ゆう》〔新訂版《しんていばん》〕

定価はカバーに表示

2017年7月30日　　初　版　第1刷発行

著　者　金城《きんじょう》　正篤《せいとく》・高良《たから》　倉吉《くらよし》
発行者　渡部　哲治
印刷所　法規書籍印刷株式会社
発行所　株式会社　**清水書院**
〒102－0072
東京都千代田区飯田橋3－11－6
電話　03－5213－7151㈹
FAX　03－5213－7160
http://www.shimizushoin.co.jp

カバー・本文基本デザイン／ペニーレイン　　DTP／株式会社 新後閑
乱丁・落丁本はお取り替えします。　ISBN978－4－389－44114－2